＼ 授業・校務がより速く ／
クリエイティブに！

さる先生の
実践Canva

Canva Education
Senior Manager

坂本良晶

[編著]

学陽書房

まえがき

　本書『授業・校務がより速くクリエイティブに！ さる先生の実践Canva』を手に取っていただき、ありがとうございます。Canva Japan/Canva Education Senior Manager の坂本良晶と申します。3月までは京都府の公立小学校で教員をしていましたが、Canva というツールを通じて日本の教育をより素晴らしいものにできるよう、Canva の中の人へとポジションチェンジをしました。

　本書はいま学校現場で劇的にユーザーが広がっている Canva について、実際に学級経営や授業、校務にどんなふうに使えるのか、またさまざまな先生の便利な使い方など、選りすぐりの実践ばかり集めた本です。

　そもそも Canva はなんぞやというお話をしておきましょう。Canva とは、平たく言うと、オールインワンのアプリです。スライド、プリント、動画、ホワイトボードと、本当に Canva があればできないことはないといっても過言ではありません。しかもそれが直感的操作で使えるので爆発的にユーザー数を増やしています。現在世界で１．５億人以上が使っているデザインツールとなり、ビジネス、デザイン、NPO、教育と、ありとあらゆるシーンで利用されています。

　日本の教育現場でも先生や子どもたちが授業や特別活動などで利用し始めています。2023 年には Canva 教育版ユーザーは 10 万人強だったのが、2024 年 10 月現在は 100 万人を突破しました。

　なお教育版は有料の Pro 版と同等の機能が無料で使えるところも大きな強みです。

　これほどまでに学校現場で支持される理由として、その使いやすさと豊富な素材や機能が挙げられます。

　Canva を活用することで、先生も子どももより短い時間で、よりクリエイティブな活動ができるようになります。豊富な素材やコラボレーション機

能により、個別最適な学び、協働的な学びの実現につなげます。求めていた機能がほぼすべてそろっているのです。そりゃ広がるわって話ですね。

　今回の本書では、EDUBASE（坂本と正頭英和先生で立ち上げた教育コミュニティ）のメンバーが分担して執筆し、それぞれの強みをもとに、教育現場での具体的な実践例や応用法を紹介しています。
　各章で取り上げている内容は、実際の教室ですぐに実践できるものばかりです。ぜひ本書を参考に教室でクリエイティブな活動にチャレンジしていただければ幸いです。

　今、大きなミッションを掲げています。それは、「Cool Japanese Educationを世界へ発信する」というものです。
　改めて確信したことは、日本の先生の教育レベルは世界一で、それは世界に胸を張って誇れるものだということです。
　Canvaというツールを通じて、これまで日本の先生たちが長年培ってきた日本の教育の素晴らしさを世界中の先生たちに知ってもらい、日本の教育が世界の教育をリードしていくことを目指しています。

2024年10月

　　　　　　　　　Canva Japan/Canva Education Senior Manager
　　　　　　　　　　　　　　　　　　　　　　　　　　坂本　良晶

まえがき 2

Canva の機能の操作方法の索引 10

第1章 Canvaで教師の仕事がサクサク進む！

豊富な素材で簡単にスライド作成
Canva で仕事が爆速化した先生が次々登場！ 14

クリエイティブなアウトプットがすぐできる！
無数の素材が Canva の魅力!! 16

テキスト生成も瞬時にできる
Canva の AI が強力に仕事をサポートしてくれる！ 18

複数で協働するツールも
共同編集という最強のサポート!! 20

プロ並みの仕様を手に入れる
Canva 教育版の申請方法!! 22

| **Column 1** | Canva Educators Community って？ 24

第2章 Canvaの基本的な使い方を知ろう！

直感的でわかりやすい！　Canva の基本操作
① ホーム画面からデザインしたいものを選ぼう！ 26
② 目的に合ったテンプレートを選ぼう！ 27

4

③	とくに使いたいテンプレートをクリック！	27
④	これが編集画面。いろいろ機能があるよ！	28
⑤	言葉や文字のフォント、大きさ、色を変えよう	29
⑥	画像等を加える、画像を編集する（素材から画像、フレーム、表、グラフ、付箋を選んでスライドに加える）	29
⑦	オブジェや背景の色を変えよう	30
⑧	背景、動画等を差し込みたいときには？	30
⑨	手持ちの写真・画像をアップロードしよう	31
⑩	ページの複製・追加・削除・ロックをしたいときには？	31
⑪	ホワイトボードに展開する	32
⑫	アプリの呼び出し方	32
⑬	データを一時保存や保存、ダウンロード、印刷などしたい	32
⑭	子どもに作ったスライドを共有しよう！	33
⑮	AI で文章を作りたい！	34
⑯	AI で画像を作りたい！	34
⑰	AI で作った画像を編集したい！	35
⑱	AI で動画を作りたい！	36
⑲	動画やスライドに AI で音楽をつけたい！	36
⑳	資料を AI で作りたい！	37
㉑	図形を枠線のみの図形にしたい！	38
㉒	QR コードを作りたい！	38

編集画面で使えるショートカットいろいろ！ —— 39

┃ Column 2 ┃ 定番ワークショップ　俳句作り —— 40

第3章 Canvaなら、学級経営に必要なものを何でも作れる！

自己紹介カードを一瞬で作成！
作りたい「カード」はテンプレートでらくらく作成 ——— 42

自分の名前は自分で入力する
席替えしよう！ 座席表も作ろう！ ——— 44

子どもと教師で共同編集
新学期の子どもたちの目標をデザインしよう！ ——— 46

クラスのイメージに合わせたロゴ作り
世界に1つだけの学級ロゴをデザインしよう！ ——— 48

動画で日常も行事も伝える！
Canva で簡単！ 学級通信の動画作成術 ——— 50

子どもに見やすいモリサワ UD フォントを使おう！
1年生の GIGA びらき！ ワクワクとドキドキを演出！ ——— 52

コメント機能でプロジェクトを加速！
**Canva でアウトプット＆フィードバック！
「みてみてわたしの係活動！」** ——— 54

動画で思い出を表現しよう！
懇談会で見せる「〇学期の思い出」動画を作ろう！ ——— 56

学級の連絡や予定を一元化
連絡や予定を全部 Web サイトで共有する ——— 58

┃ Column 3 ┃ 定番ワークショップ　地図作り ——— 60

第4章 Canvaを使うと授業はこんなに活性化する!

順序を正しく、楽しく理解!
算数 筆算の順序をマスターせよ!「筆算リレー」 ———— 62

低学年でもできるかけ算カード作り!
算数 みんなで作ろう オリジナル九九表! ———— 64

感想の交流を画像付きで視覚化
国語 物語文の心に残った場面を紹介して交流しよう ———— 66

頭の中のイメージを言葉の指示で画像にする
国語 画像生成で短歌の世界を表現しよう! ———— 68

豊富な素材で簡単にスライド作成
社会 観光地の職員になりきってプレゼンバトル! ———— 70

調べたことを共有しよう!
社会 ごみ問題への取り組みを調べよう! ———— 72

アナログだけでは捉えられない"動き"
理科 実験の過程が見える動画付きポートフォリオ ———— 74

画像生成AIでイメージの具現化
理科 「DALL-E」を使って未来の洪水対策を考える授業! ———— 76

子どものやる気もアップ!
体育 持久走オリジナル色ぬりカードを爆速で作ろう! ———— 78

一発で作れて、子どものやる気もアップ!
体育 一括作成で個人目標がある走り幅跳びカードを作ろう ———— 80

文章の続きを共有スライドで
道徳 お話の続きをみんなで考えよう ———— 82

話し合いが活発になる!
道徳 簡単! そのまま使える心情メーター ———— 84

7

作品の背景をサッと仕上げる！
図工 未来の自分に合った背景をデザイン！ —————— 86

共有プレゼンテーションで作品展
図工 Canva で作品展を開こう —————— 88

ホワイトボードで気付きの共有を
生活 町探検での気付きを共同編集で表現・共有しよう！ —— 90

共有プレゼンテーションでクイズを出し合う
生活 Canva で「まちたんけん」のクイズ発表会 —————— 92

修学旅行のしおりを常に最新の状態に
総合 アップデートできる修学旅行のしおり作り —————— 94

共同編集で、発表をチームで作り上げよう！
総合 Canva ×学習発表会！ —————— 96

歌や演奏を録音する
音楽 Canva で歌や演奏を録画して評価しよう！ —————— 98

クラスの考えを簡単に分析・整理しよう！
音楽 付箋＆並べ替えで分析し、鑑賞曲の秘密に迫ろう！ —— 100

ありきたりな教材も AI で大変身！
外国語 マジック拡張で広がった異世界を案内せよ！ —————— 102

自分と英会話！？
外国語 撮影した自分とのやりとりを発表しよう！ —————— 104

動画の共有で自由進度学習を実現！
全教科 動画で指導を短くして、児童の活動時間を長くする —— 106

単元のまとめもしっかりできる！
全教科 「○○の学習を終えて」のスライドを作って
振り返ろう！ —————— 108

Canva は特別支援の強力なツールだ
特別支援 目を引くデザイン・便利な機能で子どもの見通しと
やる気が最大化 —————— 110

┃ Column 4 ┃ Truly Local　真のローカライズを —————— 112

第5章 Canvaが校務をこんなにラクにしてくれる！

あげてうれしい！ もらってうれしい！
オリジナル賞状をプレゼント！ ——— 114

共同編集で委員会の取り組みを伝えよう
画用紙からの脱却　委員会には Canva !! ——— 116

動画編集を時短でおしゃれに！
6年生を送る会のメッセージビデオを作ろう ——— 118

多彩なテンプレートでおしゃれな研究発表会に！
研究発表会は、全部 Canva で作っちゃおう！ ——— 120

クラス全員のメッセージが込められる！
1人1ページで作る1年間のアルバム＆フォトムービー ——— 122

Canva の QR コードを保護者に伝える
子どもの様子をお知らせしよう！ 一筆箋× Canva ——— 124

ご購入・ご利用の前にかならずお読みください

　本書は、2024 年 9 月 23 日までの情報をもとに Canva の操作方法について解説しています。本書の発行後に Canva のサービスや、機能や操作方法、画面の表示などが変更された場合には、本書の掲載内容通りには操作ができなくなる可能性があります。

　また、本書に記載された内容は、情報の提供のみを目的としております。本書を参考に操作される場合は、必ずご自身の責任と判断に基づいて行ってください。本書の運用により想定していた結果が得られない場合や、直接的または間接的な損害が発生した場合も、弊社および著者はいかなる責任も負いかねます。あらかじめご理解、ご了承ください。

　本文中に記載されている会社名、製品名は、すべて関係各社の商標または登録商標、商品名です。なお、本文中には™およびⓇマークは記載しておりません。

Canva の機能の操作方法の索引

※本書内での操作方法に関わるキーワードのみを挙げています。
※本書全体としてテンプレートを使って制作しているもの全般を便宜上、「スライド」
　と称しています。

【あ行】

アップロード　28-4-⑤、31-9

アップロードした画像をスライドに加え
　る　31-9

アニメート　29-6

アプリ（アプリの呼び出し方）　28-4-
　⑧、32-12

一覧表示　83

一括作成　30-8、80、81、115

色を変える　30-7

印刷　32-13

後ろの要素を選択のショートカット
　39

エフェクト　29-5-⑦

円のショートカット　39

お絵描き　28-4-⑥、111

オーディオ　29-6、118-④

オーディオの音量調整　119

オーディオの描出　119

オブジェの色を変える　30-7

音楽をつける　36-19

【か行】

カード　42

箇条書き　29-5-④

画像の色を変える　30-7

画像の透明度を変える　29-6

画像を編集　29-6

教育版申し込み　22、23

共同編集　20、21

共有　33-14

共有リンク　33-14

グラフを差し込む　29-6

グリッドビュー　83、85、117

グループ化　78-③

グループ化解除のショートカット　39

グループ化のショートカット　39

コピーのショートカット　39

コメント機能　21

【さ行】

サイズを変更　28-4-⑭

四角のショートカット　39

時間　28-4-⑫

写真を差し込む　31-9

ショートカット（各種）　39

心情メーター　84

図形　29-6、38-21

スタイルをコピー　29-5-⑧

ステッカー　55

線のショートカット　39

操作をやり直す　28-4-⑯

素材　28-4-③、29-6

【た行】

タイムライン　28-4-⑩、51

ダウンロード　32-13

タテ書き　29-5-⑥

テキスト　28-4-④

テキスト切り抜き　29-6

テキストのショートカット　39

テキストボックスの作成　29-5-⑨

テキスト（文字）の色を変える　29-5-
　③

テキスト（文字）の大きさを変える
　29-⑤-②
テキスト（文字）のフォントを変える
　29-⑤-①
テキスト（文字）をタテ書きにする
　29-⑤-⑥
デザイン　28-④-②
テンプレートの選択　27-②・③
動画を差し込む　30-⑧
透明度　29-⑥
ドキュメントに変換　73
トランジション　50-④、51

【は行】

背景除去　29-⑥、119
背景の色を変える　30-⑦
背景を差し込む（変える）　30-⑧
背面に配置のショートカット　39
ハルシネーション　19
一つ前に戻るのショートカット　39
表　29-⑥、62-①
ファイル　28-④-⑬
ファイル（データ）の一時保存　32-⑬
ファイル（データ）のインポート
　32-⑬
ファイル（データ）のコピー　32-⑬
ファイル（データ）のダウンロード
　32-⑬
ファイル（データ）の保存　32-⑬
フォントのエフェクト　29-⑤-⑦
フォントを変える　29-⑤-①
フォントの選択　29-⑤-①
複数選択のショートカット　39
複製　31-⑩
複製のショートカット　39
付箋　29-⑥、72、90
付箋の並べ替え　100-④
フレーム　29-⑥
プレゼンテーション　26-①-②
プロジェクト　28-④-⑦

ページの削除（スライドの削除）　31-⑩
ページの追加（スライドの追加）　31-⑩
ページの複製（スライドの複製）　31-⑩
ページのロック　31-⑩
ペーストのショートカット　39
編集　29-⑥
ホーム画面の検索窓での検索　26-①-①
ホームに戻る　28-④-①
保存（データの保存）　32-⑬
ホワイトボードに展開する　32-⑪

【ま行】

マジック拡張　29-⑥、102
マジック加工　29-⑥、35-⑰、76
マジック切り抜き　29-⑥
マジック消しゴム　29-⑥
マジック作文　18、34-⑮
マジックスタジオ　29-⑥、35-⑰
マジック生成　34-⑯、36-⑱
マジック変換　37-⑳-③、73
マッチ＆ムーブ　51
メモ　28-④-⑪
文字間隔調整　29-⑤-⑤
文字にエフェクト効果　29-⑤-⑦
文字の色を変える　29-⑤-③
文字の大きさを変える　29-⑤-②
元に戻す　28-④-⑮

【や行・ら行】

要素を10ピクセル（px）ずつ移動の
　ショートカット　39
ライズ　29-⑥

【アルファベット】

AI機能　28-④-⑨
Canva Educators Community（CEC）
　24
Canva教育版の申請　22、23
DALL-E　32-⑫、76
Docs to Decks　37-⑳-③

Embed　94
Google Maps　32-⑫
Hello QArt　120
Melody Muse　36-⑲
PDF（印刷）　32-⑬、42
QR コード　38-㉒

QR code　38-㉒
UD フォント　52-④、53
Web サイト　58
Web サイトを公開　58
YouTube 動画　50-①

第 1 章

Canvaで
教師の仕事が
サクサク進む！

豊富な素材で簡単にスライド作成
Canvaで仕事が爆速化した先生が次々登場！

教師の仕事の本質と違うところで疲弊したくない…

　Canvaは先生たちの働き方を大きく改善してくれます。これまでは、ほら、何かとちょっと体裁を整えるために時間がかかったり、印刷するのに時間がかかったり…そんな教師の仕事の本質と違うところで時間をかけるのはもったいないですよね。そんな悩みをCanvaが一掃してくれます！

▶▶ 働き方をアップデートするCanva！

　じゃあCanvaって一体何ができるの？ってところからいきましょう。結論から言うと「なんでも」です。お便り、ワークシート、ホワイトボードなんてのは朝飯前、動画、さらにはホームページまで作ることができます。右の写真はホームページ作成機能を使って低学年児童でもタブレットを使いやすくす

るための学習ポータルサイトを作った先生の授業の様子です。
　でもこんなのを一から作ったら日が暮れそうですよね。その通りです。でも、Canvaでは一から何かを作ることはほとんどありません。テンプレートがあるからです。右のページをご覧ください。　　　　　（坂本良晶）

とにかく豊富なテンプレート！

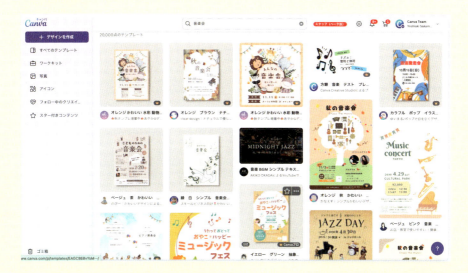

音楽会のお便りもあっという間に！

例えば音楽会のお便りを作りたいとします。検索窓に音楽会と打ち込むと一気にこんなにテンプレートが出てきました。これらの日付や場所を変えるとあっという間に完成します。これがCanvaの強みです。

授業資料もCanvaで

さらに委員会で音楽会の予告動画を作りたい。じゃあ次は動画のテンプレートを探せばOK。作りたいものは無数のテンプレートがほぼほぼカバーしてくれるのです。

POINT
- Canvaは働き方をアップデートしてくれる
- 「楽しそう！」と思える場面と役割を設定しよう

第1章　Canvaで教師の仕事がサクサク進む！　15

クリエイティブなアウトプットがすぐできる！

無数の素材が
Canvaの魅力！！

ネットから適当に引っ張ってきがちだった素材問題

　これまでレポート等をデジタルで作ろうとすると、どうしてもネットから素材を引っ張ってくること、多かったと思います。例えばフランスに関するレポートを作ろうとします。じゃあ、エッフェル塔、凱旋門、ルーブル美術館…といったものをネットで検索して貼り付けて…。でも大丈夫、そうCanva の素材ならね。

▶▶Canva最大のセールスポイント　無数の素材

　Canva 最大のセールスポイントと言っていいでしょう。それが Canva 内で無数に用意されているクリエイティブな素材です。写真、イラスト、動画、音楽まで、本当に一体どれだけあるんだってぐらい、用意されています。メニューバーの素材を選び、エッフェル塔、凱旋門、ルーブル美術館と検索すると…まあなんということでしょう。プロのカメラマンの撮影した写真、デザイナーのイラスト、これらがしっかりと見つかりました。この素材はCanva クリエイターさんが作ってくださったものです。

　あっという間に超ハイクオリティな素材を使ったレポートの叩き台ができました。

(坂本良晶)

写真やイラスト、動画までフランスに関する「素材」がいっぱい!

フランスのレポートを作ろうと素材を探すとザックザク。

┌ **POINT** ┐
- メニューバーの「素材」で検索すると無数に出てくる!
- 画像だけなく動画や音楽も!

第1章 Canvaで教師の仕事がサクサク進む! 17

テキスト生成も瞬時にできる
CanvaのAIが強力に仕事をサポートしてくれる！

あぁ、この仕事、面倒くさい…

　教師の仕事をしていると、どうしても「あぁ、この仕事、面倒くさい…」ってシーン、ありますよね。やろうと思えば自分でもできるけど時間がかかる仕事。例えば、社会科でレポートを作るような課題、なんとなく見本があると子どもたちはイメージがつきやすくなりますよね。わかってはいるけど、書くのは面倒くさい。そんな仕事、AIに任せてしまいましょう。

▶▶「岐阜県の特色」を打つだけで…

　え？　AIで文章が書けるの？　噂のChatGPTみたいに？　その通りなのです。Canvaには文章や画像を生成するAIが搭載されています。例えば「岐阜県の特色」という作文を書かせたい。そんなときにはホーム画面でA4文書などを選び、「岐阜県の特色」と書き、そのテキストボックスを選択、「マジック作文」をクリック、「続きを作文」を選ぶと…。

　右のページをご覧ください。あっという間に岐阜県に関するいい感じの作文ができました。その間、約10秒、文字通り、あっという間にこの仕事をやってくれるのです。　　　　　　　　　　　　　　　　　（坂本良晶）

レポートの見本作りも あっという間に完成

ビジュアルもばっちり

作文ができたら、ビジュアルも整えたくなりますね！
Canvaなら簡単に文字の大きさや位置を修正できます。その上で空いているスペースに関連するキーワード、もしくはダイレクトに「素材」の検索窓に岐阜と打ち込み素材を探して貼り付ければデザインもOK！
とても簡単です。

注意すべきハルシネーション

ただし、AIは万能ではありません。事実とは違った文章を生成することもあります。これをハルシネーションと呼びます。
なので生成された文章をチェックすることは大事なのです。

> **POINT**
> - 「マジック作文」を使えば一瞬で文章が生成される！
> - ハルシネーションには注意をはらおう

複数で協働するツールも
共同編集という最強のサポート！！

平安時代のような働き方からの脱却

　つい最近まで、平安時代のような働き方になっていたのが日本の学校です。文書を紙に印刷し、問題点があれば朱書きで指摘し、そして再び紙で印刷…。いとおかし。そんなとき、共同編集機能を使えばすべてデジタル上でやりとりが完了します。そこで共同編集機能の出番です。これで赤ペンとサヨナラをしましょう。

▶▶ 教員同士つながる方法

　共同編集モードにする方法は極めて簡単です。デザインの右上の「共有」を選択→リンクを知っている全員→編集可→リンクをコピー、そしてそのリンクを相手に送ってクリックしてもらうと OK。右のページをご覧ください。

　熊本市教育委員会さんと研修のフライヤーを作った時の相談の様子です。コメント機能を使ってやりとりし、タイトルを修正しました。このように、遠く離れていてもまるで目の前でやりとりをしているような感じで作業ができるのです。　　　　　　（坂本良晶）

コメント機能を使って
フライヤーを共同編集

ここもコメント機能のアイコンです

コメント機能でスムーズにやりとり！

何かコメントを入れたい箇所を選択、出てきた吹き出しのコメントマークをクリックすれば
コメントモードが発動。
まるでLINEでやりとりするような感じで会話ができます。
子ども同士で互いの作品にコメントをつけ合って交流するなども簡単に実現できます。

POINT
- 共同編集モードで仕事が効率化！
- コメント機能で相談が簡単に！

第1章 Canvaで教師の仕事がサクサク進む！　21

プロ並みの仕様を手に入れる
Canva教育版の申請方法！！

なんだこの王冠マーク？　…使いたいなぁ

　Canvaを使っていると、素材やテンプレートに王冠マークがついているものがたくさんあることに気づくと思います。これはPro版で課金したユーザーしか使えないものなのです。当然ですが、この王冠マークのついている素材には魅力的なものがたくさん…使いたいなぁ。でも課金するのはちょっと…。大丈夫、実はPro版と同等の教育版があり、教員ならそれが無料で使えるのです。

▶▶Canva教育版（教師向け）の申請方法

　まずはスマホで「Canva教育版」と検索してみてください。すると右のようなページが一番はじめにヒットします。そこで左の「教師　認証を受ける」をクリック、必要

な項目を入力し、教員であることを証明する教員免許状か健康保険証をアップロード、あとは送信ボタンを押せばOK！　早いと数分でCanvaから返信が届きます。
　また届いたリンクを子ども等に踏んでもらうことで、500名までの無料アカウントが教育版に切り替わります。これで念願の王冠マークの素材も使い放題になるのです。

（坂本良晶）

教育版の申し込み方のパンフレット

Canva教育版（自治体向け）もある

Canva教育版には自治体で一括で導入できるものもあります。これはドメイン（@の後ろ）で判別するので教育委員会からの申請しか受け付けられません。

POINT
- Canva教育版（教員向け）を申請してすべての素材を使えるように！
- Canva教育版（自治体向け）は教育委員会からのみ

Column 1

Canva Educators Communityって？

　Canva Educators Community (CEC) はほぼ全47都道府県に存在するCanvaの活用を広めるためのコミュニティです。2024年3月のCEC東京のキックオフを皮切りに、全国でもオフライン・オンラインイベントが開催されるようになりました。

Canva教育者
コミュニティJAPANの
Facebookアカウント

　CECはなるべくたくさんの先生方に参加していただき、参加者同士がつながり合えるようなデザインにしています。これまでもっとも参加が難しいのが30代の子育てママ先生でした。そんなママさん先生でも参加できるようにキッズスペースを設けたり、普段なかなか落ち着けていけないであろうスターバックスのケータリングをしたり、またCanvaのオシャレなグッズをお土産にしたりと、「行ってみたい！」と思っていただけるように心がけています。

　その成果もあり、これまで日本全国で実施したCECでは、多くの先生方にご参加いただいています。

　ぜひ右のリンクより日本のCanvaの教育者コミュニティにご参加ください。

（坂本良晶）

第 2 章

Canvaの基本的な
使い方を知ろう！

Canva's BASIC OPERATION

直感的でわかりやすい！
Canvaの基本操作

1 ホーム画面からデザインしたいものを選ぼう！

❶ ホーム画面から、まずここをクリック。すると❷の画面になる。

こんなやり方も！ ここに、自分の使いたいテンプレートのキーワードを入力して探すこともできる。「時間割」など検索するとたくさんテンプレートが出てくる。また「A4」などサイズを入力するとサイズに合わせたテンプレートが出てくる。

こんなやり方も！ ここにあるアイコンから自分に必要なテンプレートを探すこともできる。作りたいもののアイコンをクリックして、出てくるテンプレートから選ぶ。

❷ ❶の操作をするとこの画面になるので、ここで作りたいものをクリックする。プレゼンテーションなどに使うスライドを作りたいならば、「プレゼンテーション」をクリック。

26

2　目的に合ったテンプレートを選ぼう！

クリックするとそのスライドを作る画面になる。
左にポップアップが出てきて、ここからいろんなデザインの**テンプレート**が選べる。

「新学期」など、自分の作りたいもののテーマの言葉を検索バーに入れて検索すると、目的に合った**いろんなデザインのテンプレート**が出てくる。
ここでよさそうなものをクリック。

3　とくに使いたいテンプレートをクリック！

ここでとくに使いたい**「新学期」のこのテンプレート**をクリック。
すると次頁のような**カスタマイズできる画面**になる。

第 2 章　Canvaの基本的な使い方を知ろう！　　27

これが編集画面。
いろいろ機能があるよ♪

① ホームに戻る
② **デザイン** ── テンプレート等を選べる
③ **素材** ── 図形、画像、動画、オーディオ、グラフ、表、フレーム、付箋等、様々な素材が選べる
④ **テキスト** ── テキストボックス作成やフォント変更、マジック作文等ができる
⑤ **アップロード** ── 写真や画像等をアップロードできる
⑥ **お絵描き** ── 絵や文字を描ける
⑦ **プロジェクト** ── 作った作品はここにある
⑧ **アプリ** ── 様々なアプリを呼び出せる
⑨ AI機能にアクセスできる
⑩ 作ったページがここに並ぶ。タイムラインとしても使う
⑪ **メモ** ── プレゼン用メモ用
⑫ **時間** ── 動画や音楽の時間管理
⑬ **ファイル** ── コピー、フォルダーに移動等
⑭ サイズを変更
⑮ 元に戻す
⑯ 操作をやり直す

5　言葉や文字のフォント、大きさ、色を変えよう

❶ フォントを変えられる
❷ 文字の大きさを変える
❸ 文字の色を変える
❹ 箇条書き
❺ 文字間隔調整
❻ タテ書きに
❼ 文字にエフェクト効果
❽ スタイルをコピー

❾ 編集している画面上で「T」のキーを打つと新しいテキストボックスができます。

6　画像等を加える、画像を編集する
（**素材**から**画像**、**フレーム**、**表**、**グラフ**、**付箋**を選んでスライドに加える）

[ほかの要素を加える]

ほかの画像を入れたい、表やグラフを入れたい、というときは、**「素材」**から検索する。いろんなイラストや写真、図形、フレーム、表、グラフ、付箋、オーディオ等が使える

[画像を編集する]

画像に手を加えたいときには、画像をクリックすると上のバーに**「編集」**が出てくるので、そこをクリックすると、左側に編集メニューやマジックスタジオ（背景除去、マジック消しゴム、マジック切り抜き、テキスト切り抜き、マジック加工、マジック拡張）などが出てくる

[ライズ]

アニメート。動きをつける機能が使える

[透明度]

図形や画像の透明度を変えられる

第 **2** 章　Canvaの基本的な使い方を知ろう！

7 オブジェや背景の色を変えよう

❸「白」から変更する色をここで選べるので選ぶと「白」から選んだ色に変わる

❷ 今の色が示される。「白」を変えたいので「白」をクリック

❶ 色を変えたいものをクリック。ここでは雲をクリックした状態

---

8 背景、動画等を差し込みたいときには？

画面の一番左端のアイコンの列から「アプリ」をクリックすると、上に「Canvaアプリの検索」という検索窓が出てきて、検索窓の下のメニューを下にスクロールすると、「グラフ」「写真」「一括作成」「オーディオ」「背景」「動画」「AI自動翻訳」などいろんなものを差し込めるようになります。ここにいろんなアプリとの連携があるので要チェック！

9 手持ちの写真・画像をアップロードしよう

❶ 画面左端の「アップロード」をクリック。「ファイルをアップロード」をクリックして、使いたい画像ファイルを選んで「開く」をクリックするとアップロードできる（使う画像データがPDFのときは❸へ）

❷ アップロードされると画面左に表示される。ここから編集画面にイラストをドロップすると、そのままイラストが画面で編集可能になる

❸ PDFデータをアップロードした場合は、❷の画面が出ず、アップロードアイコンの下の「プロジェクト」のところに画像データが入ってくるので、「プロジェクト」をクリックし、使う画像を選ぶと「デザインを埋め込む」と出てくるので、それをクリックすると、編集しているスライドに画像が入る

 ## 10 ページの複製・追加・削除・ロックをしたいときには？

❶ ここの「…」をクリック

❷ 上のメニューが出てくるので必要な機能をクリックして使う

第 **2** 章　Canvaの基本的な使い方を知ろう！

11 ホワイトボードに展開する

「もっとこのスライドの領域を広げて、たくさんの人が書き込むスペースがほしい」というときは、⑩の❷のメニューに出てくる「ホワイトボードに展開する」をクリックすると、通常のスライドの周りにも書き込みできるようになり、広く使えるようになります。

---

12 アプリの呼び出し方

画面の一番左端のメニューの「アプリ」アイコンをクリックすると、右図のように「Canvaアプリの検索」という検索窓が出てきます。
ここにアプリの名前や、使いたいアプリの機能を入力すると、使いたいアプリを呼び出すことができます。
また、この検索窓の下のほうにスクロールすると、「AIを活用」というエリアがあり、そこにはAI機能のアプリがあります。画像生成AIの **DALL-E** や **Google Maps** などが選択できます。アプリが出たらクリックすると使えるようになります。

---

13 データを一時保存や保存、ダウンロード、印刷などしたい

編集していたデータはクラウド保存なのでわざわざ「保存」のようなことはしなくてもOK。ホーム画面には最近作ったデザインから順番に表示がされます。

[データに名前をつけて保存したい、ダウンロードしたい]
画面の「ファイル」の部分をクリックするとファイルの保存・コピー作成・ダウンロードができるほか、ファイルのインポートもできます。

[データのダウンロード、印刷をしたい]
画面の「共有」をクリックすると、ここからもファイルのダウンロードができ、その際「ファイルの形式」を「PDF（印刷）」にするときれいに印刷できます。

子どもに作ったスライドを共有しよう！

人数分（班分）のスライドを複製しておき、デザインのリンクを共有すると、このCanvaのデザインの中に入ってきてもらうことができ、複数の人数で各ページを同時編集してもらうことができます。

❶ 10 を参照してスライドを人数分（班分）複製する。その上でここをクリック

❷ このようなポップアップが出てくるので、この部分をクリックして「リンクを知っている全員」を選ぶ
❸ すると右側の画像のような表示になる。ここをクリックすると、全員に編集を許可する「編集可」、または閲覧とコメントのみ許可する「コメント可」、または閲覧のみ許可する「表示可」を選択できる。選択してからリンクをコピーし、そのリンクをロイロノートやTeamsなどで子どもたちに共有する
❹ 子どもたちに共有リンクから各ページに入ってもらい、閲覧や編集をしてもらう

第 **2** 章　Canvaの基本的な使い方を知ろう！

15 AIで文章を作りたい！

1. 「テキスト」をクリック
2. 「マジック作文」をクリック
3. するとこのような入力用の窓が出てくるので、作成してほしいイメージの単語を入れて（1単語から生成可能）、「生成」をクリック。すると下のように文章を生成してくれる

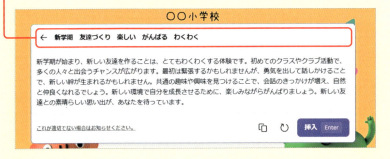

---

16 AIで画像を作りたい！

1. 画面一番左端のメニューの「アプリ」をクリックして、検索窓で「マジック生成」を検索すると、**「マジック生成」**のアイコンが出てくるので、それをクリック

❷ このようなメニューが出てくるので、入力窓に好きな単語を5単語以上入れて、「画像を生成」をクリック。すると単語を反映した画像ができあがる!

 AIで作った画像を編集したい!

❶ 先ほど作った画像の中で、リンゴをサッカーボールに変えてみる。画像をクリックすると上に「編集」が出るのでクリックし、マジックスタジオの中から「マジック加工」をクリック

❷「ブラシ」をクリックし、リンゴを塗る。そして「編集内容を記入」のところに、「サッカーボール」と打ち込み、「生成」をクリック

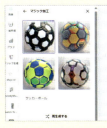

❸ サッカーボールが生成されたので、好きなものを選択するとリンゴとサッカーボールが入れ替わる

第 2 章 Canvaの基本的な使い方を知ろう! 35

AIで動画を作りたい！

❶ 画面一番左端のメニューの「アプリ」をクリックして、検索窓で「マジック生成」を検索すると「マジック生成」のアイコンが出てくるので、それをクリック。そして、マジック生成のメニューの「動画」のタブをクリック。そして画像と同じように「マジック生成」で作りたい動画の内容を示す文章を打ち込む。文章を反映した動画ができる！

❶ 動画をクリックするとスライドにも反映される

動画やスライドにAIで音楽をつけたい！

❶ 画面一番左端のメニューから、「アプリ」をクリックし、出てきた検索窓に「Melody Muse」と入力。するとMelody Museという音楽生成アプリのメニューが画面左に出る
❷ 「Explore」をクリックすると、どんなイメージの音楽を探したいのか言葉を入力できる検索窓が出るので（英語表記）、そこにイメージを英語で入力してクリック。するとイメージに沿ったさまざまな音楽が出てくる。

❸ それぞれ聞いてみて、気に入った曲のアイコンをタイムライン（画像下の赤線で囲んだ部分）にドラッグすると、動画に音がついたかたちになる。このタイムラインを操作することで、音楽の長さ等も編集できる。

36

資料をAIで作りたい！

❶ ホーム画面の検索窓下にあるアイコン**「ドキュメント」**から「A4文書」のテンプレで元となる資料を作成する

❷ 上のように、大見出し（スキー教室のしおり）、小見出し（めあて）、内容、とレベル分けを意識して作成する

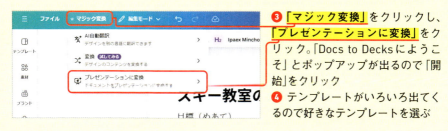

❸ **「マジック変換」**をクリックし、**「プレゼンテーションに変換」**をクリック。「Docs to Decksにようこそ」とポップアップが出るので「開始」をクリック

❹ テンプレートがいろいろ出てくるので好きなテンプレートを選ぶ

❺ これで完成！ 文字が小さい場合もあるので、大きさなどを調整すると、より見やすくなる

第 **2** 章　Canvaの基本的な使い方を知ろう！

Canvaの ここの操作が知りたかった、細かなワザ！

 図形を枠線のみの図形にしたい！

「素材」から図形を選んでスライドに入れると、かならず全面同一色の図形になってしまう！枠線の図形にしたいのに…。そんなときは下記の操作でできます！

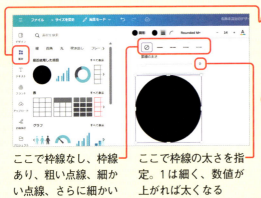

ここで枠線なし、枠線あり、粗い点線、細かい点線、さらに細かい点線が選べる

ここで枠線の太さを指定。1は細く、数値が上がれば太くなる

❶ まず、左端のメニューの「素材」をクリックし、メニューから使いたい図形を選び、スライドにドロップして入れ込む

❷ 次に、図形の上のバーに出ている「罫線スタイル」のアイコンをクリックし、メニューが出てきたら、線のアイコンをクリックし、枠線ありにして、枠線の太さを選ぶ

❸ 次に、図形の色を変える。ここをクリックすると、左に色を選べるメニューが出てくるので、白い丸にしたい場合には白い色を選んでクリック。すると、左図のように中が白くなり、枠が黒い円にできる

---

22 QRコードを作りたい！

Canva上にできた児童の作品を保護者等に公開したいというときにQRコードが便利！
❶ 画面右上の「共有」をクリックし、出てきたメニューの下のほうにある「公開閲覧リンク」のアイコンを押して、「公開閲覧リンクを作成」をクリック。できたURLを「コピー」をクリックしてコピーする
❷ 画面左端のメニューの「アプリ」をクリックし、「Canvaアプリを検索」の検索窓に「QR code」と入力し、呼び出したら「開く」をクリック。コピーしたURLをペーストし、「コードを生成」をクリックするとQRコードができる

\\ 編集画面で使えるショートカットいろいろ！ //

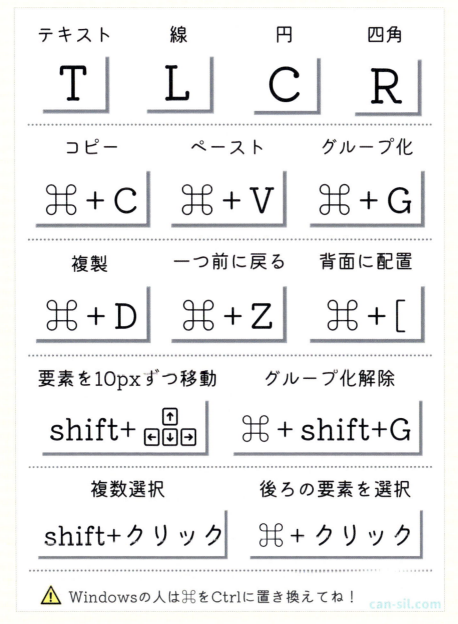

上記は編集画面で使えるショートカットキーです。

Column 2

定番ワークショップ　俳句作り

　CECでは一部の先生による実践発表！とかではなく、大部分の時間を双方向のワークショップ形式にしています。実際によく行われるワークショップにはどんなものがあるのかご紹介します。

ワークショップ用
テンプレートの
QRコード

俳句作りワークショップ
　一番定番のワークショップは俳句づくりです。理由はシンプル、誰でも簡単にイメージができるからです。それをCanvaに置き換えただけですね。五七五で俳句を作り、好きな素材を配置、最後にコメント機能で鑑賞をします（右上QRコードから実際使用したテンプレートが使えます）。
　たった、これだけで、Canvaの基本的な操作や、お互いの作品をタイムリーに見ることのできる相互参照や、フィードバックができる相互評価というクラウドの本質も一気に伝えることができます。　　　（坂本良晶）

第 3 章
Canvaなら、学級経営に必要なものを何でも作れる！

自己紹介カードを一瞬で作成！
作りたい「カード」は テンプレートでらくらく作成

作りたい「カード」はまず検索しよう

「自己紹介カード」「音読カード」「目標カード」、学校では「カード」を作る機会が多いですよね。ゼロから作るのは面倒くさい…。そんなときに便利なのがCanvaの豊富なテンプレートです。

私の場合はクラスの子どもたちの実態に合わせて、テンプレートの内容を一部変えてアレンジすることが多いです。先生のこだわりをプラスすることで、より素敵なカードができ上がります。

▶▶ やってみよう！

①ホーム画面の検索窓に「自己紹介カード」と入力して検索します（P26 1 参照）。
②気に入ったテンプレートを選びます。
③クラスの人数分ページを「複製」し、子どもたちに共有します（P33 14 参照）。
④子どもたちに自分の名簿番号のページを編集するように伝えます。
⑤全員分が完成したら右の画像の要領でPDF（印刷）形式でダウンロードして印刷し、教室に掲示します。

（近野洋平）

※右頁画像中の名前は実在の児童と関係ありません。

おしゃれなカードがあっという間に！

豊富なテンプレート

Canvaには教育用のさまざまなカードのテンプレートもたくさん用意されています。子どもたち自身にデザインを選んでもらってもいいですね。

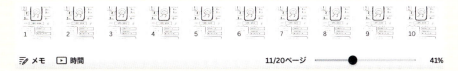

人数分のスライドをすぐ作れる

複製がすぐできるので、人数分のスライドを準備しておくことで、印刷が楽になります。

POINT
- 欲しい「カード」はまず検索してみる
- あらかじめページを人数分複製しておくことで印刷が簡単に！

自分の名前は自分で入力する
席替えしよう！
座席表も作ろう！

子ども自身にそれぞれの名前を入力してもらおう！

　席替えのやり方は先生や学級の状況によってさまざまですが、座席表を作る作業は意外と時間がかかります。Canvaを使えば、座席表が簡単に編集できます。また、先生が全員の名前を入力するのではなく、子ども自身が自分の場所に自分の名前を入力することも可能です。もちろん、作成した座席表を電子黒板等でモニター表示したり、ダウンロードして印刷したりすることも可能です。

▶▶ やってみよう！

①ホーム画面で「デザインを作成」をクリックして「プレゼンテーション」を選び（P26 1 参照）、「素材」（P28 4 の③参照）から「表」を選んで貼り付けます（操作方法は P29 の 6 参照）。
②右上の「共有」をクリックし、コラボレーションリンクを「リンクを知っている全員」「編集可」に変更後、リンクをコピーします（P33 14 参照）。
③コピーしたリンクをマイクロソフトの Teams や Google の Classroom などに送り、共同編集で名前を入力します。　　　（飯山彩也香）

※右頁画像中の名前は実在の児童と関係ありません。

Canvaで色も季節に合わせたり、座席表にアレンジを！

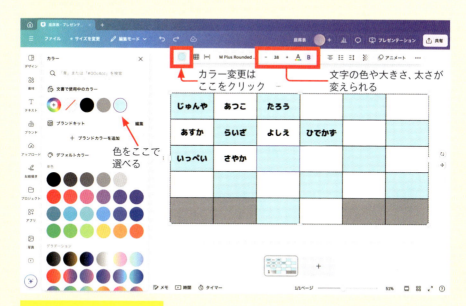

座席の色分けもできる

左上の「カラー」で表の色を変更することができます。グループごと、男女別など、色分けすることでわかりやすくなります。

フォントも変えられる

デフォルトの文字は小さいので、必要に応じて文字の大きさや色を変えることができます。共有すれば、子どもたちも簡単に編集できます。校外学習のバスの座席表やグループ表も作成可能です。

POINT
- 一瞬で表を作成することができる
- 子どもたちに共有することで共同編集可能になる

子どもと教師で共同編集

新学期の子どもたちの目標をデザインしよう!

子どもそれぞれのアイコンを作ってもらおう!

　どこの学校でも、学期のスタートには子どもたちに自分の目標を立ててもらうと思います。教師が作成したワークシートに子どもが手書きし、赤ペンで教師もコメントを手書きし…とかなりの手間が発生します。何かと忙しい学期はじめ、Canvaを使って、もっと効率的に、そして楽しく目標掲示をデザインしましょう。必ず書いてほしい項目だけ事前に伝え、あとは子どもたちに委ねてみましょう!

▶▶やってみよう!

①ホーム画面の「デザインを作成」をクリックし、検索窓に「A4」と入力し、「文書(A4縦)」を選択します(P26 1 参照)。
②教師が元となるスライドを作成します。
③スライドの右上のアイコン「ページを複製」を学級の人数分クリックし、元となるスライドを複製してスライドを子どもと共有します(P33 14 参照)。
④子どもたちが、それぞれ目標を書き込み、これを好きにデザインします。
⑤あらかじめ元となるスライドの中に、教師からのコメント欄を設けておき、教師はコメントを赤字で入力。
⑥スライドの編集画面の右上にある「共有」をクリック、「ダウンロード」をクリック、PDFにして印刷し、掲示します(P32 13 参照)。　(水戸秀昭)

自由なデザインでやる気アップ！

教師の作ったスライド→子どもたちがこのように編集！

コメントも共同編集で

子どものデザインに教師がコメントを赤ペンで書く作業、結構大変ですよね。共同編集を子ども同士だけでなく、子どもと教師でも有効に使っていきましょう。印刷前にコメントを赤字で入力しておけば、生産性UP！

教室掲示が華やかに

色とりどりの個性豊かな目標が掲示できます。クリエイティブな教室掲示に！

┤ POINT ├

- 元となるデザインを作成し、子どもたちと共有する
- 教師のコメントまで入力してから印刷する

第 **3** 章　Canvaなら、学級経営に必要なものを何でも作れる！

クラスのイメージに合わせたロゴ作り

世界に1つだけの学級ロゴをデザインしよう!

サクッと、おしゃれなロゴが作れちゃう!

　ほとんどのクラスには学級目標がありますよね。一方で、学級ロゴはあまり見かけないのではないでしょうか。Canvaにはプロのクリエイターの方がデザインしたロゴマークのテンプレートが豊富に用意されています。テンプレートをアレンジしたり、独自でデザインしたものを挿入したりすることで、サクッとおしゃれなプロ級のロゴマークが作れます。

▶▶やってみよう!

① P26 1 を参照し、「ホワイトボード」を選び開きます。共同編集を行うため、画面右上にある「共有」から「リンクを知っている人全員」→「編集可」の状態に設定を変更します。

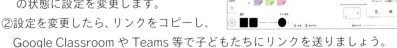

② 設定を変更したら、リンクをコピーし、Google Classroom や Teams 等で子どもたちにリンクを送りましょう。
③ 次に、共有した「ホワイトボード」に、「素材」の中にある付箋を使い、クラスのイメージをそれぞれ書き出してみましょう。
④ その後、Canvaのホーム画面から「ロゴ」を検索し、テンプレートを選び、アレンジしながら、チームで1つのロゴをデザインします。また、デザインの制作過程が把握できるように、教師にも共有するように伝えておきましょう。
⑤ ロゴ完成後、クラス内で投票し、最優秀ロゴを決定します。ロゴを印刷して学級に掲示しておくのもおすすめです。

（柴田大翔）

テンプレをフル活用して映えロゴを作る！

ベースにするロゴを選ぶ

Canvaのデザインで「ロゴ」と検索します。たくさんのテンプレの中からベースとなるロゴを選びます。お店やスポーツチームのユニフォーム等で使われていそうなオシャレなロゴがたくさんありますよ。

ロゴと素材を組み合わせる

事前に作成したクラスのイメージに合うように、「素材」からハートや星の形をした素材や、運動会で使用するフラッグの素材など、好きなようにデザインを組み合わせます。短時間でサクッと、オシャレなロゴが完成します。

POINT
- 自分たちで作ったロゴをクラスのアイコンにする
- 完成したロゴを共有・掲示して、あらゆる場面で使っていく

第 3 章　Canvaなら、学級経営に必要なものを何でも作れる！

動画で日常も行事も伝える！
Canvaで簡単！
学級通信の動画作成術

スタイリッシュ編集！ 簡単動画作成術！

　タブレットの普及で写真や動画を撮る機会が増えました。最近では、学級通信に動画をのせる先生もいるのではないでしょうか。そんなとき、Canvaを活用すれば、誰でも簡単に、しかもスタイリッシュに動画を制作できます。言葉で伝えるより、映像で見せるほうが直感的で印象的。子どもたちの輝く瞬間を、動画で学級通信に残してみてはいかがでしょうか。

▶▶やってみよう！

① P26 1 を参照し、「動画」アイコンをクリック。ここでは例として「YouTube動画」をクリック。出てきた白い画面上に編集していきます。
② P31 9 を参照し、編集したい動画ファイルや画像をアップロードします。
③ アップロードした動画や画像が表示されたら、タイムライン（右頁の画像を参照）にドラッグして好きな順番に並べていきます。これが動画作成の基本的な流れになります。
④ ２つの動画の間にマウスを持っていくと、「切り替えを追加」というボタンが画像の上に現れます。このボタンをクリックすると、動画と動画をスムーズにつなぐ「トランジション」効果のリストが表示されます。好みの効果を選んで、動画同士をつなげられます。この手順で、複数の動画をつなげて１つの作品を作ることができます。各ステップを順番に進めていけば、簡単に動画編集ができます。　　　　　（大橋陽介）

伝えたい内容に合わせて動画を選び、「マッチ&ムーブ」でつなげる!

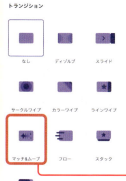

動画を選んでドラッグ

アップロードした使いたい動画を選んでドラッグします。位置は自由自在に変えられます。

おすすめのトランジション

動画間をつなぐトランジションはマッチ&ムーブがおすすめです。

POINT

- 挿入する動画は短いものにするとアップロードする時間と編集する時間を短縮できる
- トランジションを使うと動画をスムーズにつなげられる

子どもに見やすいモリサワUDフォントを使おう！

1年生のGIGAびらき！
ワクワクとドキドキを演出！

楽しみながらスライドを作ってみよう

　多様でクオリティの高い素材やテンプレートを使うことができる Canva は大人にとっても創造力が刺激されます。初めて GIGA 端末を使う児童にとって出会い方も重要です。GIGA びらきの日は、楽しいだけなく、善き使い手となるための学習の一歩としましょう。1 年生だけでなく、どの学年でも新年度や新学期に使い方を考えたり、児童生徒と一緒にルールを考えたりすることでデジタルが「大切な学びの道具」になります。

▶▶ やってみよう！

①ホーム画面から「プレゼンテーション」を選び、デザインの検索窓に「ベストフレンド」や「かわいい」を入れて検索し、使用したいテンプレートを選択します（**P26、27 参照**）。
②テンプレート上に GIGA 端末を使う理由や使い方をまとめます。
③テキストを選択すると、上部のツールバーからフォントを選択することができます（右図①）。
④UD フォントを選択し、多くの児童が読みやすいスライドにします。「モリサワ」や「UD」で検索すると UD フォントがたくさん出てきます（右図②）。
⑤スライドを作り終えてから「すべてを変更」で、一括でフォントを変更できます（右図③）。
⑥「GIGA びらき」の日は授業参観の日などに開催し、保護者も巻き込むことで、GIGA スクール構想への理解を深めてもらう場にもなります。　　　（會見修一）

楽しく！ 見やすく！ わかりやすい資料を作る

GIGAびらきの日に伝えること

「できる」を増やして幸せになってほしいこと・他学年での事例・どこで使えるのか、どんなことができるのかクイズ・やってほしくないこと・子どもも大人も失敗しながら学ぶこと・目の健康と安全な使い方について・ログインの方法などをまとめます。

フォントと情報量

フォントについては、2024年7月末に「UDデジタル教科書体」や「UD学参丸ゴシック」が追加されました。識字障害の子にも見やすい『奇跡のフォント』とも呼ばれています。見やすくするため同テンプレート内では同じフォントや素材をくり返し使うことで統一感のあるスライドを作ることができます。児童の実態に応じて、情報量は調整しましょう。

POINT
- 先生も児童もワクワクを共有しながら、大切なことを伝えよう
- 管理職も保護者も巻き込もう
- UDフォントで読みやすくしよう

第 3 章　Canvaなら、学級経営に必要なものを何でも作れる！　53

コメント機能でプロジェクトを加速！
Canvaでアウトプット&フィードバック！「みてみてわたしの係活動！」

Canvaを使って係活動プレゼン大会！

　自分がやりたいこと、みんなの笑顔につながることを探究する係活動。私は毎学期の終わりに、その学期で自分たちがどのような活動をしたか、それがどれだけみんなの笑顔につながったかをアピールするプレゼン大会をしています。Canvaを活用して係活動のアウトプットとフィードバックを行った小学2年生での実践を紹介します。

▶▶ やってみよう！

① P26 1 やP27 2 を参照し、「プレゼンテーション」でページを作り、係の数だけページを複製します（P31 10 参照）。
② P33 14 を参照して子どもにページのリンクを共有し、係ごとに今までの活動を「プレゼンテーション」でまとめます。
③ 画面右上の「共有」をクリックし、「コラボレーションリンク」を「リンクを知っている全員」「コメント可」に設定し、子どもたちに共有します。
④ プレゼン大会をして、聞き手は共有されたリンクを開き、「コメント」（上の画像参照）からプレゼンのフィードバックをします。

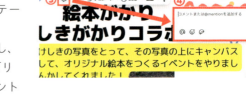

（平子大樹）

「ステッカー」でリアルタイムの温かいフィードバックも！

はじめてのフィードバックにも使いやすい「ステッカー」！

フィードバックを受けることは、自分たちのよさや頑張りに目を向けられたり、次のプロジェクトへの意欲や改善につながったりする大切な機会です。Canvaの「コメント」機能を使えば、即時フィードバックを送り合うことができます。また、画像にある<u>3つのステップ（①②③と順番にクリック）</u>で簡単に送り合える「ステッカー」なら、1年生でもすぐに自分たちで活用できるようになります。1年生のフィードバック一歩目にもオススメです！

POINT
- Canvaで係活動をアウトプット
- 「コメント」で相互評価
- 「ステッカー」で簡易的にリアクションを送り合う

第3章 Canvaなら、学級経営に必要なものを何でも作れる！　55

動画で思い出を表現しよう！

懇談会で見せる
「〇学期の思い出」動画を作ろう！

子どもたち自身で思い出動画を作ろう！

　みなさんは、懇談会で保護者に見せる「思い出動画」を作成していますか？私はこれまで自分自身で作っていました。しかし、Canva を使えば、子どもたち自身が簡単に思い出動画を作ることができます。自分たちで思い出動画を作ることで、1年間の軌跡を振り返るとともに、より学級への愛着を高めることになります。

▶▶ やってみよう！

①子どもたちに、懇談会で見せる「〇学期の思い出」動画を作ることを提案します。
②1・2・3学期の担当を、どの班で分担するか決めます。そして、担当が決まった班から、どんな思い出を取り挙げた動画にするかを話し合います。
③班の中で動画の内容を決めた後は、班のメンバー1人ひとりが何の思い出を担当するか決めます。
④動画の作成は、共同編集で行います。**P50 の①**を参考にして教師が動画編集の画面を作成し、そこに1人の子どもにデザインを作成してもらった上で、「共有」から共有リンクを作り、子どもにシェアします（**P33[14]参照**）。
⑤動画作成の材料は、Canva 内の素材、教師が撮りためておいた写真や子どもが撮った写真です。
⑥子どもたちが作成した動画を互いに見合い、コメント（**P21 参照**）し合うことで、よりよい動画へと修正し、完成度を高めます。
⑦保護者に懇談会で披露します。　　　　　　　　　　　　　　　　（天野翔太）

56

動画に自分の思いを入れてアレンジを！

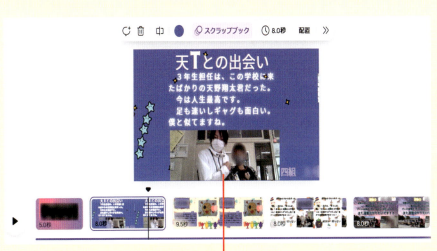

「出会い担当」児童の動画の一部

自分で撮った写真の中で、「お気に入りの写真」を活用しています。

「運動会担当」児童の動画の一部

文字の大きさや色、素材で、自分なりの表現を楽しんでいます。

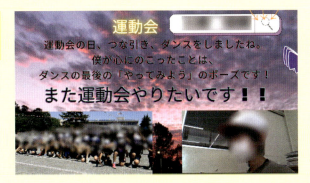

POINT
- グループで共同編集することで、協働的な学びが加速！
- 自分の思いをもとに写真や素材を選んで活用！

第 3 章　Canvaなら、学級経営に必要なものを何でも作れる！

学級の連絡や予定を一元化

連絡や予定を全部 Webサイトで共有する

学級情報を1つにまとめたサイトを作ろう!

　Canva の Web サイトを使うと、スライドを作る感覚のまま、誰でもカンタンにパスワード付きのホームページを作ることができます。あらゆる学級の情報をそのホームページに一元化し、教室からでも、家庭からでも、はたまたどんな端末からでもチェックができる、アクセスしやすい学級情報を1つにまとめたページを作ってみましょう。

▶▶ やってみよう!

①ホーム画面の丸いアイコンから「Web サイト」を選びます（P26 1 参照）。

②スライドを作るように、学級情報のサイトに載せたい情報を追加していきます。連絡事項や学習予定、学習の進度予定など、先のことでもわかっている範囲でどんどん入れていくようにしておくと、教師からの伝えもれがグッと減るはずです。

③完成したら右上の「Web サイトを公開」をクリックします。ここからホームページとしての設定に移ります。

④「https:// ●●● .my.canva.site/」の●●●部分を決めます（ドメインを無料で作成する場合は「無料のドメイン」を選択して続行します。ここで決めるドメインは、無料の場合は1アカウントにつき1つしか作れません。よく考え、決まったら続行します）。

⑤「https:// ●●● .my.canva.site/ ～」の～の部分を決めます。こちらは複数持つことができます。決まったら「公開設定」をクリックし、「高度な設定」からパスワード保護を有効にしてからパスワードを発行し、子どもに URL とパスワードを教えます。

（佐久間理志）

1つのページにクラスのすべての情報を集めよう!

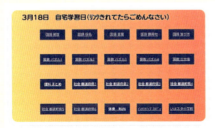

1

2 - 連絡帳

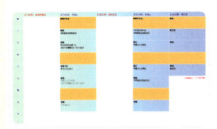

5 - 週予定0318

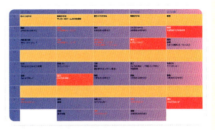

6 - 週予定0311

あらゆる情報を一元化

これから先のことだけでなく、これまでのことも、全部Webサイトにまとめてみましょう。子どもたちにここのページさえ見れば、何でもすぐわかるようにしておくと便利です。

子どもだけでなく先生も保護者にも便利

仕事上、必要な情報を確認したいときもすぐ見ることができます。保護者にも学級や学校のスケジュールがわかりやすくなります。

POINT
- 専門的な知識不要で、直感的に、Webサイトが作れる
- 何をしたのか、何をするのかを、誰もがいつでも確認できるように

第 3 章 Canvaなら、学級経営に必要なものを何でも作れる!

Column 3

定番ワークショップ　地図作り

地図作りワークショップ

　こちらも定番である地図作りのワークショップです。やることは至ってシンプル。4人ぐらいのグループに分かれ、地方ごとに特産品などの素材やテキストを配置して協力して地図を作り上げます。

ワークショップ用
テンプレートの
QRコード

　このワークショップでは、共同編集による協働的な学びをベースとした授業の体験ができます。Canva自体の使い方に関してグループ内で伝え合ったり、ある県の特産品が思い浮かばない時に話し合ったりと、子どもたちが教室で協働的に活動する様子のイメージがとてもしやすいのです。

　また、指導者の視点では、手元でクラス全体の様子を見て、よくできているグループを評価して注目させるなど、クラウドならではの授業の回し方を先生方に伝えることもできます。

(坂本良晶)

第 **4** 章

Canvaを使うと
授業はこんなに
活性化する!

算数

順序を正しく、楽しく理解！
筆算の順序をマスターせよ！「筆算リレー」

チームで筆算の順序を正しく完成させよう！

　3年生の算数では筆算の学習（たし算・ひき算）があります。2年生で2桁の筆算は経験済みですが、3年生では3桁の筆算になります。桁数が増えても同じ手順を繰り返せばいいのですが、繰り上がりや繰り下がりでやはりミスをする子も増えてきます。「筆算リレー」では、2〜3人のチームで、正しい順序で数字を1つずつ記入していき、筆算を完成させていきます。

▶▶やってみよう！

①ホーム画面から、「プレゼンテーション（16：9）」を選択し、白紙のスライドを用意します（P26 1 参照）。画面の一番左側のアイコンの列から「素材」をクリックし、検索窓に「表」と入力します（P29 6 参照）。シンプルな表を選択し、スライドに貼り付けます（表は列や行を自由に追加・削除できます）。

②表が動かないように、ロックしておきます。表の全体を選択し、3点リーダー「…」をクリックすると、「ロック」できます。

③スライドを子どもと共有します（P33 14 参照）。

④2〜3人のチームで筆算を解いていきます。最初の子どもが教科書の問題を書き込み、その後は順番に協力して「描画」機能で書き込んでいき、みんなで順序よく筆算を解いていきます。　　（水戸秀昭）

筆算という孤独な学習からの脱却!

Aの子、Bの子…と順番にチームで解いていく!

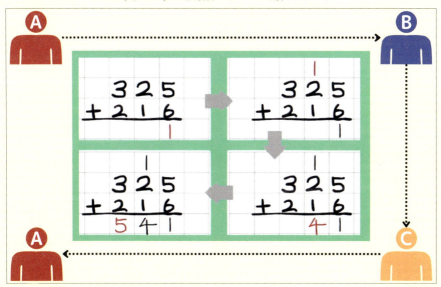

「描画」機能は低学年でも操作可能

数字を1つずつ書き込むには、「描画」機能を使います。間違えても簡単に消したり、元に戻すことができ、ノートのように消しゴムで何度も消すようなことがなくなり、ぐちゃぐちゃになりません。Canvaに慣れていない子どもたちにとっても容易です。

友達となら楽しく学べる

筆算が苦手な子にとってはアルゴリズムが身につきやすいです。共同編集によってチームで筆算リレーを繰り返すことで、筆算の順序を定着させることができます。

POINT
- 慣れてきたら問題を作るところから始めるとGood!
- 4桁、5桁と増やしたくてウズウズしてくる!

算数

低学年でもできるかけ算カード作り！
みんなで作ろうオリジナル九九表！

カード作りでかけ算の理解を深めよう！

2年生のかけ算の学習では、かけ算で表せる場面を見つけたり、考えたりして、絵や式で表す活動を行うことがあります。Canvaの素材を活用すれば、低学年でも簡単に場面をカードに表すことができます。カードを活用して、問題を出し合ったり、クラスオリジナルの九九表として学習で活用したりすることもできます。

▶▶やってみよう！

①ホーム画面から「デザインを作成」をクリックして「プレゼンテーション」を選び（P26参照）、教師がスライドの下半分に○×○＝○と入力します。
※子どもが文字入力できる場合は空白のままでもよい。

②ページのリンクを作成しクラスルームなどで配付します（P33 14 参照）。※作成後、印刷する場合は各段ごとにページを分けてから共有リンクを作る。

③1人1つ式の担当を決めて、自分のカードに式を入れ、必要な「素材」を検索し、式に合うように画像を貼り付けます。1つ分のまとまりを図形や描写を活用して四角や丸で表し、作り終わったらフォントや色を変えて見やすくしたら完成。　　　（陸川哲郎）

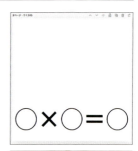

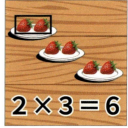

「素材」を活用して考えた場面を表そう！

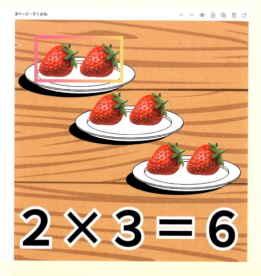

クラスの【オリジナル九九表】が完成！

それぞれ作成したカードを合わせて、世界に一つだけの【オリジナル九九表】が完成！作成したカードを学習で活用しよう！

実際に掲示したオリジナル九九表

POINT

- お互いにカードを見て、教え合いながら作ってみよう！
- かけ算の学習だけでなく、たし算やひき算、わり算の学習でも活用できる！

第4章 Canvaを使うと授業はこんなに活性化する！

国語

感想の交流を画像付きで視覚化
物語文の心に残った場面を紹介して交流しよう

画像付きの紹介プレゼンテーションを作ろう

　国語の物語文の学習の最後に、心に残った場面を紹介し合う活動をすることがあります。これまでは、文章や言葉での交流でしたが、Canvaを使うことで、自分が持つイメージを視覚化することができ、相手の考えが理解しやすくなります。低学年でも、文字だけではなく、画像や背景、動画をつけることで、どの場面なのかすぐに想起できます。Canvaの豊富なイラストやアニメーションからなら、きっとぴったりの素材を見つけられるはずです！

▶▶やってみよう！

①「心に残った場面を最後で紹介し合うよ」と伝えて、物語文の授業を行います。
②「デザインを作成」から、「プレゼンテーション」を開きます（P26 1 参照）。
③教科書の挿絵をスキャンして、アップロードしておきます（P31 9 参照）。
④プレゼンテーションの1枚目に、挿絵を貼り付けた後、人数分を複製します（P31 10 参照）。そのうえで、子どもたちにページのリンクを共有し、自分の出席番号のページを編集するよう伝えます。
⑤子どもたちは、心に残った場面を一つ選び、選んだ理由を書いた後、文章に合う画像や背景、動画を挿入します（素材の探し方は、P29 6 参照）。（柳圭一）

教科書の各場面の挿絵を貼り付けただけのスライドを用意する。

※教科書の挿画のため書籍掲載にあたりここではぼかしています。

「素材」を使って、文章をわかりやすく!

教科書の挿絵　　自分の感想

みんながかんしゃしていて
かんどうしたから

みんながきつねのため
になみだをながしたの
がかんどうしたから

みんながそんなにきつねを
かんしゃしているのかとお
もったから

みんながお墓を
作ったとこ

子どもが自分で検索した涙を
流しているイラストの素材

子どもに優先順位を示そう!

Canvaの豊富な素材を目の前にすると、子どもたちはいくらでも探し続けます。その授業の本質は何か?を忘れないように、子どもたちの作業の優先順位を明確化します。本実践の場合は、①好きな場面の挿絵を選ぶ、②絵を大きくしてほかの場面を消す、③文章を入力する、④文章に合う素材をレイアウトする、の順で作業を行いました。

レイアウトの自由度は課題ごとに設定

この学習では、子どもの自由な発想を生かすために、自由度の高いテンプレートを配付しました。低学年にはちょっと高度ですが、文章、イラスト、背景の組み合わせを考えて、読み手にわかりやすくすることも大切です。

POINT

- 子どもの感想を共有スライドに
- 文章に合う「素材」を挿入して、視覚的にもわかりやすく
- そのまま学級通信で紹介もできる

国語

頭の中のイメージを言葉の指示で画像にする

画像生成で短歌の世界を表現しよう！

短歌のイメージを画像化するための言葉を考えよう！

4年生の国語科で「短歌の世界」を学習しました。短歌を学習した後、その短歌に合う画像をCanvaのマジック生成で作成しました。画像生成を通じて、どんなプロンプト（AIへの指示）を出せばいいのか、うまくいかないときにどう変えるのか、その画像が短歌に即しているのかを考える過程で目的を持った対話が生まれ、学びが深まります。

▶▶ やってみよう！

①子どもが作業するためのスライドを作成し（P26～27参照）、それを班の数だけ複製して、共有リンクを作って子どもにシェアします（P33 14 参照）。

②短歌のイメージ画像を生成するためのプロンプトを班で話し合います。

③P34 16 を参照し、プロンプトを打ち込んで班ごとに画面上に画像を生成します。生成した画像が短歌と明らかに違う点がないかを確認し、違う場合は班の中で話し合ってプロンプトを変更して作成し直します。

④生成した画像と入力したプロンプトをスライドに入れます。

⑤班ごとにほかの班の生成した画像を見合い、子ども同士でコメント（P21参照）をしたり違いを話し合ったりします。

（橋本 海）

ほかの班が作った画像を見てブラッシュアップできる!

― 各班のスライドがここに並ぶ

コメント機能を活用

スライドショーのデザインなので、ほかの班のスライドを選択すると大きくして見ることができます。また、ページ右部分にプロンプトもあるので、ほかの班がどのように画像を生成したのかがわかります。

短歌に入っていなかったり話し合いでも出てこなかった言葉についてさらに考えを深めることができます。

お互いにコメント(P21参照)をしてもよいですし、その後に話し合い活動を入れてもかなり盛り上がります。

POINT

- うまくいかなくても何度もトライすることが大切!
- 班で話し合うことでコミュニケーションが生まれる!
- 友達との考えの違いを「そう思ったんだ!」と楽しめる♪

第 4 章 Canvaを使うと授業はこんなに活性化する!

社会

豊富な素材で簡単にスライド作成
観光地の職員になりきってプレゼンバトル！

観光地の職員としてプレゼンテーション！

　単元のゴールにプレゼンテーションを設定することがあります。Canvaの「素材」には非常に多くの写真やグラフィック、動画があり、子どもたちは自分たちの発表内容に合わせたデザインのスライドを簡単に作ることができます。今回はチームで地域を調べて「移住希望者への説明会でプレゼンをする」というロールプレイを行いました。

▶▶ やってみよう！

①子どもたちに「北海道」と「沖縄県」のどちらの職員を担当したいか希望を取り、2人1組で複数のチームを組みます。「他県からの移住希望者を対象にプレゼンテーションを行い、どちらの土地に住みたくなったかを投票してもらう」という設定を伝え、くじで決まった相手と対戦することを伝えます。
②子どもたちはホーム画面の検索窓で「教育用のプレゼンテーション」と入力して検索した中から好きなデザインを選んで（**P26〜29参照**）、プレゼンテーションを作成していきます。作成中のファイルは、同じチームの子どもと教員に共有してもらいます（**P33 14 参照**）。
③教科書や資料集、図書室の本、インターネットの情報を活用しながら資料作成や発表練習を行い、単元の最後には発表会と投票を行います。

素材アイコンがあります

（近野洋平）

観光地のプレゼン資料を作って、担当地域のデザインでアウトプット!

沖縄県担当児童の編集画面

発表に合わせて「素材」を選ぶ

「素材」に「沖縄」と入れるだけで、沖縄に関する素材がたくさん出てきます。

授業資料もCanvaで

授業資料もCanvaで作成しました。短時間でおしゃれに仕上がります。

ミッション MISSION

移住希望者の人が
「こういうところはいいな」
「こういうところは気をつけよう」
と思えるプレゼンテーションを行おう!

POINT
- 「素材」を駆使して自分たちだけの発表を演出!
- 「楽しそう!」と思える場面と役割を設定する

第4章 Canvaを使うと授業はこんなに活性化する! 71

社会

調べたことを共有しよう！
ごみ問題への取り組みを調べよう！

ホワイトボードで情報共有！

社会科の学習問題の解決過程で、調べる活動があります。

発表や話し合いで共有していた内容を Canva の「ホワイトボード」に「付箋」でどんどん貼り付けていきましょう。Canva では付箋に書き込んだ子どもの名前が自動的に表示されるので、それも使いやすいポイントです。

▶▶ やってみよう！

①ホーム画面の丸いアイコンから「ホワイトボード」を選びます（P26 1 参照）。
②右上の「共有」をクリックし、「コラボレーションリンク」を「リンクを知っている全員」「編集可」に変更後、リンクをコピーします（P33 14 参照）。
③コピーしたリンクをマイクロソフトの Teams やグーグルの Classroom などに送り、子どもたちに共有します。
④児童はシェアされたリンクをクリックして Canva に参加します。P29 6 を参照し、「素材」から「付箋」を選んで挿入し、調べてわかったことを書き込んでいきます。

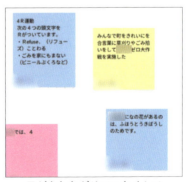
子どもたちがリアルタイムで書き込んでいく

（飯山彩也香）

Canvaにホワイトボードと付箋で情報共有をスムーズに!

タイムリーな情報共有

付箋に記入している様子がリアルタイムでわかります。

AI機能で文書に書き出し

「ドキュメントに変換」で書き出しや要約も可能です。文章に書き出すことで、内容の集約が簡単にできます。「サイズを変更」のメニューを下にスクロールし、「ドキュメントに変換」をクリック

「サイズを変更」をクリックしてメニューを下にスクロール

POINT
- 調べた結果を子どもがどんどん書き込める
- 相互参照だけでなく、文書への書き出しも可能

第 **4** 章 Canvaを使うと授業はこんなに活性化する! 73

理科

アナログだけでは捉えられない"動き"
実験の過程が見える 動画付きポートフォリオ

動画でよみがえる実験の瞬間！

　写真や動画には、記憶をよみがえらせる力があります。とくに動画は、細かな動きや変化を捉えることができます。実験記録に動画を加えることで、実験の過程を鮮明に再現できるポートフォリオを作成します。

▶▶ やってみよう！

①ホーム画面で「プレゼンテーション」を選択し、「プレゼンテーション（16：9）」を選びます（P26 1 参照）。
②左端メニューの「素材」をクリックし、グラフやフレームなどを選んでワークシートを作成（「素材」を呼び出す操作方法は P29 6 参照）。
③作成したページをクラスの人数分コピーします（コピー最速の操作方法は P39 の「編集画面で使えるショートカットいろいろ！」を参照）。
④データを子どもと共有します（P33 14 参照）。
⑤めあてや気持ち、変化、ふりかえりなどをそれぞれ書き込みます。　（的場功基）

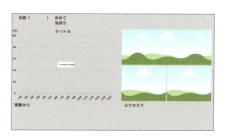
作成したワークシート

Canvaなら実験記録や データ挿入や共有も一瞬で!

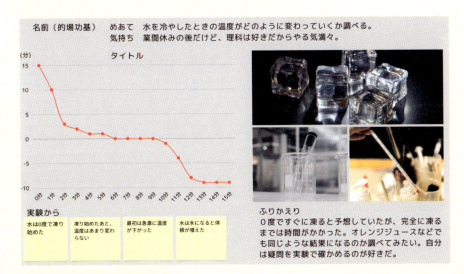

時短して考える時間に

グラフの作成や動画の挿入は一瞬。考える時間をより多く確保できます。

データの共有も簡単

下の流れで公開閲覧リンクをQRコードにして保護者にも共有すると、簡単な学級通信として活用できます(P38 22 参照)。

POINT
- 省けた時間は考える時間としてしっかりと活用する
- 動くポートフォリオで実験のふりかえりも鮮明に

第 **4** 章 Canvaを使うと授業はこんなに活性化する! 75

理科

画像生成AIでイメージの具現化
「DALL-E」を使って未来の洪水対策を考える授業!

生成AIで児童の発想を形にする

画像生成AI「DALL-E」を使えば、豊かな児童の発想をいとも簡単に具現化できます。「未来の洪水対策を考えよう!」といった夢物語で終わってしまいがちなテーマでも、画像生成というプロセスを踏むことでリアルな学びへと変化させます。また、教師機から「マジック加工」を使うと、生成された画像をより脳内イメージに近い形へと変身させることもできます。

▶▶ やってみよう!

① 「アプリ」から「DALL-E」を呼び出して開きます(P32 12 参照)。
② DALL-Eの入力窓に生成したい画像のイメージを打ち込み、出てきた画像の中で最もイメージに近いものを選択します。
③ 画像を選択し、画面左下のAI機能のアイコン(P28 4 9 参照)をクリックし、「マジック加工」を選択します。
④ 加工する部分をブラシでなぞり、「編集内容を記入」にどのように加工するのか指示を入れます(P35 17 参照)。 (花岡隼佑)

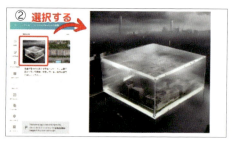

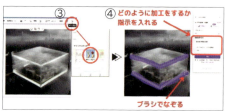

どんなアイディアでも形にできる!

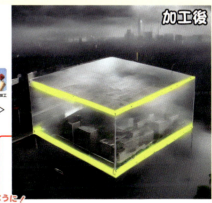

街にバリアを張って、雨も水も入ってこないように！
洪水から街を守るぞ！
そしてバリアの上の方が飛行機にぶつからないように、光るシステムがほしいな…！

思い描いたものが目の前に

児童の頭の中にあったイメージが、数秒で目の前に出現します！ 街を水から守るバリアをまず表現しました。

さらに理想へと近づける

さらに教師機を用いて教師と児童が一緒に「マジック加工」を使えば、理想の画像にもう一歩近づきます！ バリアの上が黄色に光り飛行機がぶつからないようにした様子も表現できました。

POINT
- アプリから「DALL-E」を選択
- 「マジック加工」で、よりイメージに近い形へ変身

第 4 章 Canvaを使うと授業はこんなに活性化する！　　77

体育

子どものやる気もアップ！
持久走オリジナル色ぬりカードを爆速で作ろう！

オリジナル色ぬりカードも爆速で！

　トラックを１周走ったら１マス色ぬりできる学習カードがあると思います。せっかくならば、子ども一人ひとりが目標を持ち、自己目標に向かって練習する学習カードにしませんか。スタートを学校とし、実際に地域にあるお店やレジャー施設などを貼り付けていくだけで、楽しい持久走オリジナル色ぬりカードがあっという間に完成します。

▶▶ やってみよう！

①ホーム画面で「Ａ４文書（縦）」を選びます（P26 1 参照）。
②「素材」から「円」を選んで貼り付け、白い円にします（P38 21 参照）。
③いくつか貼り付けた円をシフトキーを押しながらすべて選択します。すると「グループ化」のポップが出るのでクリックし、「グループ化」します。
④③のグループ化した素材をコピー＆ペーストで増やします。
⑤コースの途中に距離や地域のお店の名前や素材を挿入していきます。
⑥「共有」から「ダウンロード」して印刷します（P32 13 参照）。　　（飯山彩也香）

子どもの身近な場所に関連付けた走るのが楽しくなるカードを！

人気スポットを設定

「カフェに行くぞ！」など、楽しく目標設定し練習できます。色ぬりカードの裏は、子どもたちが毎時間ふりかえりを書けるようにしておきます。

学年に応じて簡単編集

マスや設定距離など、思いのままに編集できます。

POINT
- 短時間で色ぬりマスを作成することができる
- 子どもたちのなじみのスポットを目標に！

第 4 章 Canvaを使うと授業はこんなに活性化する！　79

体育

一発で作れて、子どものやる気もアップ！

一括作成で個人目標がある走り幅跳びカードを作ろう

個人目標を一気に設定してやる気アップ！

　体育では、走り幅跳びやハードル走などの個人の記録を測定し、評価する種目がいくつかあると思います。ですが、子どもたちの運動能力に応じて、適切な目標記録を設定していると時間が足りない！　ということも…。運動量を確保するためにも、一括作成の機能を使ってそれぞれの子どもたちの目標を一気に設定し、個々の能力に対応した体育の学習カードを作ってみましょう。

▶▶ やってみよう！

①子どもたちの出席番号順に名前と目標となる記録を CSV UTF-8 形式で準備します。※ CSV 形式だと後で読み込んだ時に文字化けしてしまうので、CSV UTF-8 形式を選択してください。

②右頁のような学習カードを Canva 上で作ります。

③アプリ「一括作成」を呼び出します（**P30 8 参照**）。

④①で作った CSV UTF-8 形式で保存したデータをアップロードします（**P31 9 参照**）。

⑤データを接続したいテキストボックスの「…」をクリック→「データを接続」を選びます。

⑥「続行」→「ページを生成」をクリック。

⑦全員分のカードが完成！

　　（尾﨑悠生）

個人の目標記録が入った csv データ　→　一括作成　→　個人の目標記録が入った体育カード

80　　※右頁画像中の名前は実在の児童と関係ありません。

走り幅跳びについて カードとデータを作ってみた！

一括作成で差し込みたい項目（今回は出席番号・名前・目標記録）はExcelで作成しておきましょう。

※走り幅跳びの目標（表中の「目標記録」）は子どもたちの立ち幅跳びの記録の1.5〜1.7倍にしました。

	A	B	C
1	出席番号	名前	目標記録
2	1	青木 愛莉	2m37cm
3	2	安倍 智佳	2m56cm
4	3	荒井 絵理	2m98cm
5	4	石田 桜子	3m75cm

カードとデータを接続！

① 「データをアップロード」から一括作成したいCSVデータをアップロード！

② 紐付けたいテキストを選択して「データの接続」→接続したいデータを選択→「続行」をクリック！

③ 最後に「○○点のデザインを作成」をクリックすると全員分のカードが完成！

POINT

- CSVデータを準備して、一括作成アプリで一発作成！
- さまざまな競技で活用することができます！

第4章 Canvaを使うと授業はこんなに活性化する！

道徳

文章の続きを共有スライドで
お話の続きを
みんなで考えよう

それぞれの結末を共有しよう

　道徳の教材文では、お話の結末が書かれていないことがあります。子どもたちに考えさせるオープンエンドの結末です。しかし、これを道徳ノートやワークシートに書いても、発表できるのは数人です。せっかく正解のない学習をしているのであれば、全員の考えを見られるようにしたいですよね。そこで、Canvaの共有スライドで、全員の考えをお互いに見られるようにしましょう。

▶▶やってみよう！

①通常の流れで道徳の学習を行います。
②「この後、どうなったと思う？」という発問で、お話の続きを考えさせます。
③P26〜29を参照し、教科書の挿絵を貼り付けた「プレゼンテーション」を教師が用意し、人数分複製して、共有します（P33 14 参照）。
④各自でお話の続きを入力し、「素材」からイラストをつけます。
⑤右下の「グリッドビュー」で一覧表示にすると、ほかの子の作品も見やすくなります。
⑥お互いのプレゼンテーションにコメントをして、相互評価してもよいです。
＜コメントの仕方＞
①コメントしたいと思うスライドを選択。
②上部に出てくる「ツールバー」の吹き出しをクリックします。
③各自コメントを入力します。

（柳圭一）

文章+素材で、みんなが作家に！

※赤線の囲み部分は教科書の挿画のため書籍掲載にあたりここではぼかしています。

ここのグリッドビューをクリックすると全員の作品を一覧表示できる

共有スライドで見ながら考える

共有スライドのよさは、子どもがアイディアが浮かばず手が止まった時に見られるヒントがたくさんあることです。時には同じようなスライドになってしまうこともありますが、学ぶことは、まねぶことからです。

コメントは最強の薬

子どもたちにとって、教師からのコメントよりも、友達のコメントが気になるかもしれません。子どもたちが気軽にコメントできるところも、Canvaの特長です。

POINT
- お話の続きを共有スライドで作成
- スライド一覧で、友達の作品をお手本にする
- 相互コメントで、やる気アップ！！

道徳

話し合いが活発になる！
簡単！ そのまま使える 心情メーター

心情メーターで可視化しよう

　心情メーターとは気分や感情を可視化するためのツールです。道徳の学習では、この心情メーターを用いることで、話し合いが活性化します。「○○さんはどうして、この表情にしたの？」「その表情にした理由を聞いてみたい人はいるかな？」と問いかければ、たくさんの意見を引き出すことができあます。

▶▶ やってみよう！

①ホーム画面から「プレゼンテーション」を選択します（P26 1 参照）。
②画面左端のメニューから「素材」をクリックし、検索窓に「心情メーター」と入力して検索します（P29 6 参照）。
③使いたい心情メーターをプレゼンテーションに貼り付けます。
④同じ要領で、「素材」から「矢印」を検索し、プレゼンテーションに貼り付けます。
⑤クラスの人数分ページを「複製」し、子どもたちに共有します（複製と共有については P33 14 参照）。
⑥子どもたちは自分の名簿番号のページを選択します。そして、矢印を動かし、発問に対する心情を表します。

（大﨑雄平）

バリエーション豊富！
アレンジなしで十分使える
心情メーター

Canvaの心情メーターは道徳、国語で使いやすい！

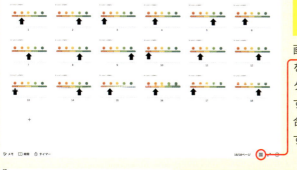

グリッドビューで見やすく

画面右下の<u>グリッドビュー</u>を押すと、全員の心情メーターを比べることができます。そこから意見を交流し合うことがしやすくなります。

ほかのバリエーションも

同じ要領で、「素材」で無地のハートを検索し、色をぬる（お絵描き：P28 4 ⑥参照）ことで、微妙な心情も表現できます。

POINT
- 他者との比較で話し合いが活性化！
- そのまま使える素材で時短に！

第 4 章　Canvaを使うと授業はこんなに活性化する！　　85

作品の背景をサッと仕上げる！
未来の自分に合った背景をデザイン！

芯材で作る未来の自分！ 背景にもこだわる

　図工で芯材に紙粘土をつけて、未来の自分を制作する学習があります。その未来の自分の趣味や職業に合わせた背景を Canva でデザインしました。

　子どもたちのイメージは壮大です。未来の自分自身だけでなく、そのときの周りの環境にもイメージを持っています。手描きでも可能ですが、絵を描くのが苦手な子も、Canva では自分のイメージを的確に表現できます。

▶▶ やってみよう！

　子どもたちには以下のように説明します。
①ホーム画面から、「デザインを作成」をクリックし、「何を作成しますか？」という検索窓に「A4」と入力すると、「文書（A4 横）」というものがあるので、それを選択します（**P26 1 参照**）。
②画面の一番左側のアイコンの列から「素材」をクリックすると、上に「素材を検索」という検索窓が出てきます。そこに、未来の自分の姿からイメージした背景素材を検索して探し、スライドに貼り付けます（例：看護師なら病室）（**P29 6 参照**）。
③スライドの編集画面の右上にある「共有」をクリック、「ダウンロード」をクリックして PDF にし、印刷します（**P32 13 参照**）。
④印刷したスライドを、紙粘土で作った未来の自分の背景として、作品に取り付けて完成。

（水戸秀昭）

Canvaの背景素材を使うと作品がより際立つ!

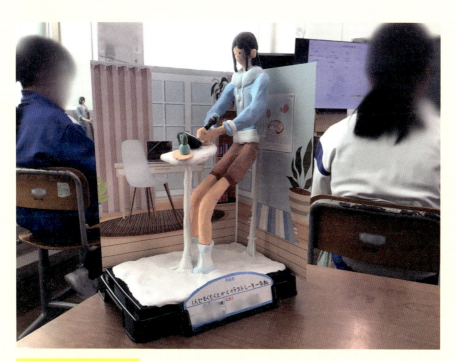

背景もイメージして

たとえば、イラストレーターを選んだ子どもは、「イラストレーターって、どんな部屋でイラストを描いているのだろう？」と想像しながら、背景素材を選んでいました。

さまざまな背景が！

背景素材を使う以外にも、サッカー場の写真を背景にしたり、動物のイラスト素材を組み合わせて動物園の背景にしたり、表現方法は子ども一人ひとりに任せます。

POINT
- アナログとデジタルを融合させ、より立体的な作品に
- 背景があることでより伝わる作品になる

図工

共有プレゼンテーションで作品展

Canvaで作品展を開こう

作品カードはデジタルで管理する

　図工で絵や工作の作品を作ると、壁に掲示したり、長机を並べて展示したりします。作品カードをつけて、子どもたちに工夫したことを書いてもらい、教師がコメントをする…、この一連の（手間がかかって面倒な）流れが、Canvaであれば短い時間で終わり、さらにいつでも保護者の方に作品展を見てもらうことができます。

▶▶やってみよう！

①図工の時間に作った作品を写真に撮ります。
②作品展用の題名や工夫したことを書くテンプレートを作ります。
＜作り方＞
①ホーム画面から「プレゼンテーション」を選択します（P26 1 参照）。
②スライドに写真を入れる「フレーム」、題名、名前を書く「テキストボックス」、工夫したことを書く「素材」を貼り付けて、テンプレートにします（P29 6 参照）。
③テンプレートを人数分複製して、子どもたちに共有します（P33 14 参照）。
④作品の写真をアップロードして、フレームに写真を入れます（P31 9 参照）。作品名や、工夫したことなどを書いてもらいます。
⑤全員分できたら、上のバーの右の「プレゼンテーション」から自動再生を選び、流します。　　　（柳圭一）

まるで写真集のような作品展！

沖縄の昼と夜の秘密

なまえ

くふうしたこと
上の明るい場所は
色を塗らないで
昼を表現するのを
工夫しました。

テンプレートを配付

作品展のように、全員が同じものを共有する場合は、テンプレートを配付して作成したほうが効率がよく、見栄えもよくなります。もちろん、子どもの創意工夫も認めて、スライドを個性が出るように作成してもいいでしょう。

保護者向けに

作品展のスライドができたら、子どもたちが相互参照でコメントし合うのはもちろん、保護者の方に向けても発信しましょう。ClassroomやTeamsなどでリンクを送るもよし、学級通信にQRコードを載せるもよし！
保護者向けには、公開閲覧リンクを作成し、QRコードにして、学級通信などでお知らせすると、家庭で作品を鑑賞することができます(P38 27 参照)。

> **POINT**
> - テンプレートに子どもたちの作品の写真を貼る
> - 作ったスライドは、相互参照＆保護者に共有！

第 **4** 章　Canvaを使うと授業はこんなに活性化する！　　89

生活

ホワイトボードで気付きの共有を

町探検での気付きを共同編集で表現・共有しよう！

共同編集だからこそ気付きが共有しやすい！

　生活科で町探検に行くと、子どもたちはさまざまなお店や施設のよさや魅力に気付きます。一方で、アナログでその気付きを共有しようとすると、手間と時間がかかります。Canvaの「ホワイトボード」で気付きを「付箋」に書いて全員で共同編集すると、すばやく共有できます。また、気付きを共有の上、分類・整理したり、新たな問いを表出したりすることも容易になります。

▶▶ やってみよう！

①町探検の際に、気付いたことをメモしたり、端末で写真に撮っておきます。
②P26 1 を参照し、「ホワイトボード」を選択し、町探検のグループごとの「ホワイトボード」（学級で1つのデザインを共通で使用する）を作り、共有し（P33 14 参照）、自分が行ったお店や施設への気付きを「付箋」（P29 6 参照）に書き込みます。この際、ホワイトボードの中をお店や施設ごとに分割しておくと整理がしやすくなります。気付きを想起させやすくするために、子どもたちが撮った写真を周りに挿入します（P31 9 参照）。
③グループごとにある程度気付きが出揃ったら、全グループの気付きを共有します。
④相互参照から生まれたさらなる気付きや新たな問いを、「付箋」を追加して書き込みます。
　　　　　　　　　　　　（天野翔太）

店や施設ごとに色を変えて わかりやすく！

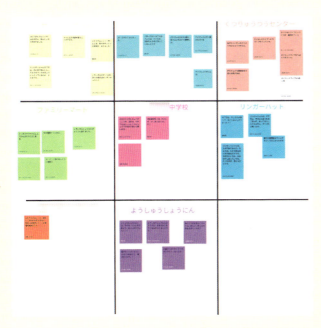

あるグループの分類画面

周りに撮った写真を入れるとさらにわかりやすくなります。

共有により生まれた新たな問いをもとに作成した質問状

気付きの共有をした上で生まれた新たな問いについて、各お店や施設ごとに担当者を決め、学級の総意として質問状を書きました。

POINT
- 「ホワイトボード」の共同編集で共有の時間を短縮！
- 分類整理を子どもがすることで新たな問いも生まれる

第 **4** 章 Canvaを使うと授業はこんなに活性化する！　　91

生活

共有プレゼンテーションでクイズを出し合う

Canvaで「まちたんけん」のクイズ発表会

撮ってきた写真や動画もCanvaならすぐ共有できる！

　生活科の「まちたんけん」は、自分の住んでいる町のお気に入りの場所を見つけたり、町で働く人と関わったりすることを通して、町への愛着を深める単元です。自分の見つけた「すてき」を友だちと共有することで、自分"たち"の「すてき」へ進化します。クイズにすることで、もっとよく知りたい！という意欲につながります。

▶▶ やってみよう！

①町探検の活動中に、端末で写真や動画を撮っておきます。

②クイズ発表会用のテンプレート（下図）を「プレゼンテーション」で全員分作り（P26 〜 27、P31 10 参照）、配布しておきます（P33 14 参照）。

③町探検で撮った写真をアップロードして、スライドに貼り付けてもらいます（P31 9 参照）。

④スライドにクイズを書いてもらいます。

⑤モニターにプレゼンテーションを映しながら、一人ひとり発表します。

⑥できたクイズを子どもたちや保護者向けにも QR コードで共有します（P38 22 参照）。

（柳圭一）

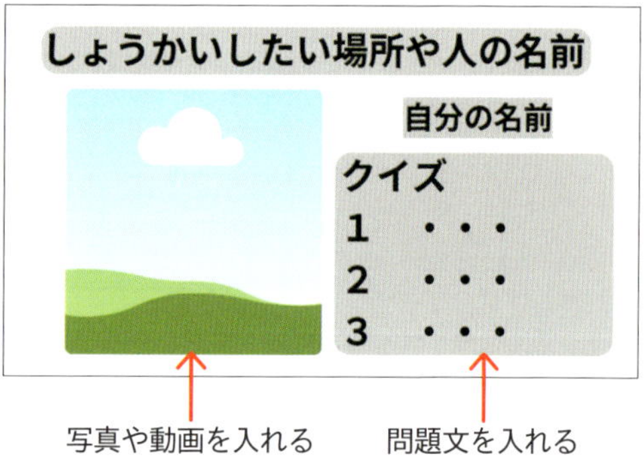

しょうかいしたい場所や人の名前

自分の名前

クイズ
1 ・・・
2 ・・・
3 ・・・

写真や動画を入れる　　問題文を入れる

そのまま町のガイドブックにもなる！

写真や動画を貼り付け

「クイズを作る」という指示だけなので、写真の子、選択肢を出す子、動画を載せる子などさまざまです。子どもたちが、自分の思いに合わせて表現することができるのもCanvaのよいところです。

町のガイドブックに

でき上がったスライドは、そのまま自分たちの町のガイドブックになります。自分が知らなかった場所や人について知ることができます。閲覧リンクを渡して、保護者や他学年に見てもらうのもいいですね！

POINT
- クイズにすることで、伝えたいことを考えるようになる！
- 静止画でも、動画でも、子どもが表現したいことに合わせて選べる
- でき上がったスライドは、そのまま町のガイドブックにできる！

> 総合

修学旅行のしおりを常に最新の状態に
アップデートできる修学旅行のしおり作り

いつでも情報にアクセスできる

　係の児童が、一生懸命に作ったしおり。印刷が終わって配付しようとすると…、あっ大事な情報が抜けている！　そんなトラブルも、今は昔。公開閲覧リンク・埋め込みアプリ「Embed」・QRコードを駆使して、しおりを**常に最新の情報にアップデート**することで、修学旅行後も見返したくなる「進化する」しおりを作りましょう。紙でもデジタルでもできます！

▶▶やってみよう！

①「Doc」や「プレゼンテーション」で、しおりを作成します（**P26～27参照**）。

②しおりがデジタル配付可能な環境なら、行き先のHPやGoogle Maps、Padlet、質問フォーム等を**アプリ「Embed」**を使ってしおりに直接埋め込んでから、画面右上の「共有」をクリックし、「公開閲覧リンク」を作成して児童・保護者に配付します（**P33 14 参照**）。

③しおりを紙で配付する場合は、上のさまざまなリンクをQRコードにして紙面に掲載してから印刷し、配付します（**P38 22 参照**）。

（朝田博之）

アプリがたまに名称変更で見つからないときがありますが、「埋め込み」と検索すると、それらしいアプリが見つかります。Canvaって便利！

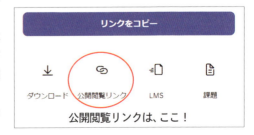

公開閲覧リンクは、ここ！

写真や児童が作った資料も、しおりに追加できる

【写真】

【修学旅行報告会のスライド】

しおりをポートフォリオ化

活動の様子（写真や動画）・報告資料・行事後の作文等を追加することで、しおりを学びのポートフォリオに。Canvaで作ったデジタルしおりなら、PadletやGoogle Mapsを埋め込んで直接操作できるので、使い勝手抜群です。
※紙でも、QRコードを載せておけば同様のことができます。

児童が実際に作成した報告資料サンプルはこちら

POINT

- 「Embed」でスライドや動画をデジタル資料に直接埋め込める！
- 共有⇒「公開閲覧リンク」で、アカウント不要！
- QRコードを載せれば、紙で配付しても後から追加可能！

総合

共同編集で、発表をチームで作り上げよう！
Canva×学習発表会！

Canvaでプレゼンテーションする

　総合的な学習の時間で行った「外国を調べよう！」。チームで役割を分担しながら調べたい国の歴史、文化、日本とのつながりなどを調べ、「プレゼンテーション」で共同編集をしてまとめました。発表者と保護者の対話が生まれるようなスライド作りをして、学習発表会で保護者に発表しました。保護者も参加できるような内容にすると、学習発表会がより盛り上がります。

▶▶ やってみよう！

①ホーム画面で「プレゼンテーション」を選択します（**P26**1**参照**）。
②スライドをチームで共有して、共同編集でまとめていきます（**P33**14**参照**）。
③オーディオや動画を入れたり（**P30**8**参照**）、ライズ（アニメート）でスライドに動きをつけたりします（**P29**6**参照**）。
④聞き手と対話が生まれるようなスライドや話し方の工夫をします。
　　例：子ども「ブラジルの学校はいつ始まるか知っていますか？」
　　　　保護者「ん〜。４月じゃないの？」
　　　　子ども「答えは２月です」
　　　　保護者「そうなの!?」
⑤完成したら、ほかのチームと発表練習→改善を繰り返します。
⑥本番はブース形式にして、保護者が聞いて回れるようにします。　　　（青木洸司）

学習発表会に向けて わかりやすく、楽しいスライド作り

文字は少なめで

文字を少なくすることで、読み手によく伝わるスライドとなります。子どもたちは一枚のスライドに多くの文字をのせようとします。あらかじめ指導しておくとよいです。

みなさんは日本からブラジルまでの距離は知っていますか？

聞き手とのやりとり

問いかけを入れると、聞き手とやりとりが生まれます。参加型にすることで聞いているだけの発表会よりも会が充実したものになります。

POINT

- 文字は少なく、簡潔な言葉で伝える
- やりとりが生まれるような問いかけを加えていく
- 役割分担をして、チームで協力！

第 4 章 Canvaを使うと授業はこんなに活性化する！

[音楽]

歌や演奏を録音する
Canvaで歌や演奏を録画して評価しよう!

子どもたちの演奏を録画しよう

音楽科の学習では、歌や鍵盤ハーモニカの演奏などの技能面を評価する必要があります。また、合奏を行う場合は、さまざまな楽器の演奏を教師が聞き分けて、指導していく必要があります。音楽の先生ならともかく、音楽の専門ではない方にとっては、難しいことですよね。そこで、Canvaのスタジオ機能を使った評価方法を提案します。

▶▶ やってみよう!

①歌や演奏の練習を各自でします。
②演奏を載せる「プレゼンテーション」のテンプレートを作り、全員に共有します（P26〜27、P33 14 参照）。
③自分の演奏を録画します。左端のメニューの「アップロード」の中にある「自分を録画する」を選ぶと、右側のような自分を録画できる「スタジオ」モードになります。

④録画を終了すると、プレゼンテーションに貼り付けられます。自分で気をつけたことを文章で書きます。
⑤教師は、右下にある「グリッドビュー」（P85参照）をクリックすると、一覧で確認することができます。放課後などに演奏を聞いて評価します。　　　（柳圭一）

評価資料に使える！

評価資料として

音楽の時間に、一人ひとりの演奏を聞いて評価するのは、効率が悪いですし、子どもにとっても、みんなの前で演奏をするのはプレッシャーです。一人ひとりが録画したものを後でじっくり聞けば、公正に評価できます。子ども同士で、コメント機能で相互評価をするのもよいですね！

合奏の練習に

いくつかの楽器に分かれて演奏する合奏では、自分の音とほかの音が違います。この実践と同じ要領で各自が自分の楽器の音を録画します。共有プレゼンテーションなので、友達の演奏を自由に聞くことができ、友達の演奏に合わせて練習することもできます。

POINT
- 自分の演奏を録画できる「スタジオ」モード
- 教師は、時間があるときに評価できる
- 合奏の練習にも使える！

音楽

クラスの考えを簡単に分析・整理しよう！
付箋＆並べ替えで分析し、鑑賞曲の秘密に迫ろう！

付箋に書いた内容をAI分析でわかりやすく整理しよう

　曲を聞いて気付いたことを書いたり、個人の感想を交流したりして終わってしまいがちな音楽の鑑賞の授業。そんな鑑賞の授業もCanvaの付箋＆並べ替え機能を使って行えば、素早く簡単に考えの集約が可能になります。AIが付箋に書いた内容をもとに、「声」「リズム」「曲の雰囲気」などの見出しをつけてジャンル分けしてくれるので、教科としての深まりも期待できます。

▶▶ やってみよう！

①鑑賞の授業用の「ホワイトボード」を作成し（P26①参照）、そのリンクを児童に配付します（P33⑭参照）。
②児童に付箋の使い方を説明します（付箋はP29⑥参照）。
③活動の指示を出します。「曲を聞いて気付いたことや感じたことを付箋に書きましょう」（グループで付箋を貼る場所を決めておくと見やすくなります）。
④教師が児童の書いた付箋を全選択し、「…」（3点リーダー）から「並べ替え」→「トピック別」を選択します（下図を参照）。
⑤付箋がトピック別に見出し付きで並び替わるので、その見出しを元に学級全体で曲のよさについて考えていきます。　　　（田鍋敏寿）

「トピック別」の並べ替えで一目瞭然！

みんなの意見が… → トピック別に並び替わる！

AIが分析し、見出しも付けてくれる

付箋の内容をAIが自動で分析し、見出しを付けて並べ替えてくれます。子どもが「静かな感じ」や「落ち着いている」といった内容をまとめて「雰囲気」という見出し付けも！　この見出し付けをもとに学習を進めることで、子どもの言葉をもとにした鑑賞曲の分析・整理をすることができます。

トピック別以外にも…！

付箋の並べ替えは「トピック別」以外にも「カラー別」や「名前別」で並べ替えることができます。音楽科だけでなく、国語科や社会科、総合的な学習でも幅広く活用することができます。教科の内容や授業の進め方に応じて使い分けるとよいでしょう。

POINT
- 「付箋」には短く、端的に書かせると精度がアップ！
- 進め方によっては「カラー別」や「名前別」も効果的！

外国語

ありきたりな教材もAIで大変身！
マジック拡張で広がった異世界を案内せよ！

普通の地図を異世界に変身させよう！

　外国語の授業の定番である「道案内」。どこにでもある地図を使い、ありきたりの建物を案内するのがベタな流れです。そんな道案内の授業に、CanvaのAI機能が彩りを加えてくれます。地図の余白部分を「マジック拡張」を使って広げると、余白部分に摩訶不思議な建物が生成されます。それはまるでRPGの異世界。子どもの「案内したい」という意欲が爆発します。

▶▶やってみよう！

①左のサイドパネルにある「アップロード」を押し、紫色の「ファイルをアップロード」を押し、地図の画像データを貼り付けます（ページ全体に貼り付けるのではなく、あえて余白を残す）。貼り付けた地図をクリックし、上に出たバーの左の「編集」を押すと左側にサイドパネルが出ます。「マジックスタジオ」の中の「マジック拡張」を押します。

②展開するサイズ「ページ全体」を押し、最後に下の「マジック拡張」を押し、4種類の生成画像から好きなものを選びます。　　　　　　（大野翔）

どんな地図が生成されるかはお楽しみ♪

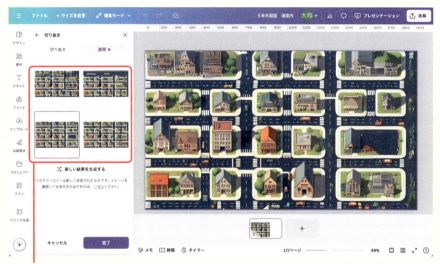

マジック拡張で４種類の生成画像ができるので好きなものを選ぶ

想像力を働かせよ

池つきのホテル!? 謎の公園!? 魔訶不思議な建物が生成されます。
まずは生成された建物に日本語で名前をつけていきます。想像力が肝です。

摩訶不思議な建物に案内しよう

翻訳機能を使って、建物の名前を英語にしてみましょう。
後は英語を使って、友達を謎の建物へ道案内をします。
不思議なダンジョンに迷い込んだ主人公になったつもりで道案内してみましょう。

POINT
- AIによって創造的な教材づくりを！
- 想像力を働かせ、コミュニケーションを楽しむ！

第4章 Canvaを使うと授業はこんなに活性化する！　103

外国語

自分と英会話！？
撮影した自分とのやりとりを発表しよう！

さまざまなやりとりのカタチ

　外国語の学習では、友達や教師とコミュニケーションをとったり、その様子を発表したりする場面が多くあります。リアルでのやりとりが一番なことは承知の上で、一人二役となってやりとりを発表しても面白いのではないかというチャレンジングな実践です。これが会話の練習となり、実際のやりとりに活かすこともできます。

▶▶ やってみよう！

①ホーム画面から、「プレゼンテーション（16：9）」を選択し、白紙のスライドを用意します（**P26 1 参照**）。
②画面の一番左側のアイコンの列から「アップロード」をクリック、さらに「自分を録画する」をクリックし、質問に答えている自分を撮影します（**P98 参照**）。
③やりとりの発表を補足するために、スライドに背景素材やイラスト素材をつけます。
④撮影済みの自分の動画をタイミングよく再生＆停止を繰り返し、生身の自分と動画の自分が、まるで英会話をしているような発表をします。　　　　（水戸秀昭）

自分の姿を見て自分自身の発声を客観視できる！

動画を撮るメリット

自分の言い方を客観視することができ、レベルアップにつながります！
また、納得がいく動画が撮れるまで、何度も撮影し直すこともできます。

後で評価もしやすい

スライドを共有することで、評価にも活用することができます。子どもたちの英語の発音だけでなく、表情や動作などの細かいところまで、フィードバックをすることが可能となります。また、子どもと教師だけの共有だけでなく、子ども同士もスライドを共有しておくことで、相互評価もすることができます。さらに、このような動画を蓄積することで、自身の成長を感じることのできる材料にもなり、意欲も高まります。

POINT

- 撮影だと一発勝負ではなく納得いくまで挑戦できる！
- 成果が Canva 上に残る！

全教科

動画の共有で自由進度学習を実現！
動画で指導を短くして、児童の活動時間を長くする

誰でも動画編集をできるのがCanva！

児童が自分の方法やペースで課題に取り組む「自由進度学習」に動画の教材が活躍します！　児童一人ひとりが自分のタイミングや難易度で見られるように動画の教材を作りましょう。Canvaによって手軽に、共同編集で学年の先生と一緒にできて、子どもとの共有も楽ちん！　これを使えば、指導を短縮化できて、活動の支援に時間を割くことができます。

▶▶やってみよう！

①教師用タブレットで指導したいことを動画で撮影します。
②ホーム画面で「デザインを作成」をクリック。メニューに出てくる「動画」アイコンをクリックし、テンプレートを選びます（P26〜27参照）。
③①で撮った動画をアップロードします（P31 9 参照）。
④簡単な説明や表紙などを付けて編集をします。
⑤できた動画を児童に共有します（P33 14 参照）。　　　　　　　（二川佳祐）

子どもが動画を何度も見られて実演の手助けに!

コンパスによる図形の描き方を動画にする

活動の指示を動画にまとめれば、教師の手元の活動も拡大画面で、しかも何回も見られてストップもできます。一斉指導では見逃してしまう指示や模範も何度も見られるから安心して取り組むことができます。また全体の指導の時間が短くなり、児童の活動時間が増えます。教師側も支援に時間を費やすことができるのでWin－Winです。動画を見る児童も、見ないで取り組む児童も、熱中しながら何度もトライして描いていました。

指導用の動画を学年の先生と共創する

企画、撮影、編集などを学年団で分担すればあっという間にできて、それぞれのクラスで使えます。児童にとっては知っている先生の動画というだけでなじみのあるものになり、よく見てくれます。教師側からしたら押さえておきたいポイントなども自在に動画に入れ込むことができたり、強調したいところにテロップを入れることができたりと、定着させたいポイントをしっかり入れ込むことができます。何よりも学年の先生たちと共同作業で作り上げることで、チーム力が高まります。

POINT
- 運動会のダンスの練習、図工や家庭科の実技の師範、お手本など何度も見るといいものに使うと有効!
- 共有はClassroomなどですればあっという間!

全教科

単元のまとめもしっかりできる！

「○○の学習を終えて」の スライドを作って振り返ろう！

初心者でも大丈夫！　Canvaで単元末振り返り

　単元の学習を終えたら、「学習の振り返り」を Canva で書かせてみましょう。簡単なので Canva 初心者にもオススメ。シンプルな枠組みなので、どの教科・どの単元でも応用可能です。

　一つのスライドを共同編集する方法もありますが、下ではテンプレートリンクから個人作業させる方法を紹介します。

▶▶ やってみよう！

①「○○の学習を終えて」のスライドを作り（**P26 〜 27 参照**）、画面右上の「共有」をクリックすると「テンプレートのリンク」というアイコンが出てくるのでそれをクリックし、リンクを作成して、児童に配付します（**P33 14 参照**）。

②以下の順番で説明します。

　説明１「今回の学習に関して、あなたが重要だと思うキーワードを４つ選びましょう。それらのキーワードを『素材を検索』に入力して素材を検索（**P29 6 参照**）して、ふさわしいと思った素材を選択しましょう」

　説明２「選択した素材を左側４つの枠のいずれかにドラッグしてはめ込みましょう」

　説明３「画面右に名前と振り返りを書きます」

③子どもたちの作業が終わったら、右上の共有メニューから、「教師に提出」を選択させます。

④教師と児童の共同編集状態になり、教師のホーム画面右上の「お知らせ」メニュー（🔔）から、児童のスライドにアクセスできるようになります。適宜集約してスライドショーにしたり、コメントをつけたりしましょう。　　　　　　（成田潤也）

学習内容に関するキーワードで素材検索させる

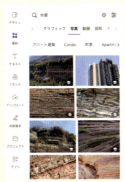

地層の学習を終えて
成田潤也

一口に「地層」と言っても、火山のはたらきによるものだったり、流れる水のはたらきによるものだったり、様々あることを学びました。
自分の身の回りでは地層を見かけることはあまりないけれど、調べてみたら日本や世界にたくさんの地層があることが分かって、興味がわきました。

▲素材検索キーワード→「地層」「火山」「流れる水」「地震」

素材検索＝振り返り

一つのキーワードから多様な素材（写真・イラスト・動画等）がヒットするCanvaだからこそ、キーワードを考え、使用する素材を選び抜くまでが、よい学習の振り返りになります。

素材選択に個性が出る

同じキーワードで検索しても、豊富な素材からどれを選ぶかによって、かなり個性が出ます。例えば、右のスライドは、上のスライドと同じキーワードで検索した素材を並べていますが、かなり印象が異なります。

地層の学習を終えて
成田潤也

はじめは地層について全く興味がなかったけど、学習してみて、長い時間をかけてきれいな層を作ったり、様々な形や特徴を持った岩石を生み出したりする自然の「すごさ」を感じました。

POINT
- 素材検索→フレームにはめるだけの簡単作業で完了！
- 図鑑のような仕上がりに、子どもたちの表現力が加速！

第 4 章 Canvaを使うと授業はこんなに活性化する！

特別支援

Canvaは特別支援の強力なツールだ

目を引くデザイン・便利な機能で子どもの見通しとやる気が最大化

特別支援教育でのメイン活用例3選

1 スライドと動画機能でよりワクワクしよう

　特別支援学校では、視覚的な情報のほうが受け取りやすい子どもたちが多いことからスライドや動画を先生が自作して授業を展開する場面が多いと思います。それをCanvaに置き換えることで目を引く、デザイン性のあるスライドや動画でより視覚的に1日の予定や行事の活動内容を伝えることができます。子どもたちが見通しをもって、授業に参加しやすくなります。

2 共有機能でスライドをサブディスプレイ化しよう

　一斉授業の中で、教師が説明するスライドを注視することに困難さを抱えている子どもや集団での授業参加を苦手とする子どもにとって有効です。Canvaのスライドを共有機能を使って、子ども用の端末に同じスライドを表示させます。子どもの手元でスライドを見ることができるようになり、活動に参加しやすくなります（P33**14**参照）。

3 描画機能で手書きをしよう

　国語や算数、自立活動などで自作のプリント教材で授業を実践されている先生も多いはずです。PDFに変換したプリントをCanvaに読み込ませて、子ども用のiPadで表示、記入することができます。筆記具の扱いが難しい場合の前段階として指を使って書くことができます。紙と筆記用具での学習に困難さを感じている子どもが学習により参加しやすくなります。（福田充）

子どもに同じスライドを手元で見れるようにできて、手書きもできる!

手書きできるお絵描き機能を使えるスライドを用意♪

お絵描き機能を使おう!

①PDF化したデータをCanvaにアップロード (P31 9 参照) します。
②画面左端にある「お絵描き」をクリックします。
③ペンを選ぶと指でなぞり書きができます。

お絵描きの部分をクリック

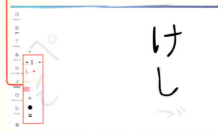

描きたいペンを選んで、いざ手書きへ

POINT

- 目を引くデザインで子どもたちの視線を集められる!
- スライドを提示する場合には、共有で「表示可」を選ぶ
- PDFデータを位置だけロックすると、取り組みやすい

Column 4

Truly Local　真のローカライズを

　Canva が掲げるスローガンに「Truly Local」というものがあります。これはそれぞれの地域に合ったサービスを徹底してローカライズしていこうというものです。

　日本の教育界で大きな成果を挙げているモリサワさんの UD デジタル教科書体を実装したり、日本でしか使われないであろう振り仮名機能が追加されたりといったことがその代表例です。また Canva のロゴの上にカタカナでキャンバって入ったのもその一例です。

　Canva の本社はシドニーにあり、そこのオフィスで働いてる社員が、日本の教育現場に必要な機能はどんなものがあるかって、しっかりと耳を傾けて改善を進めてくれています。

　いざそういった Truly Local な機能が日本で実装されたとき、現地の社員はどうやって反応を見るのか。それは SNS です。X で振り仮名機能に喜ぶ日本のユーザーの喜びを見て、彼らもまたとても喜んでいるのです。社内 Slack では「日本の先生たちが喜んでいる！　やったぜ！」ってなるわけです。　　　（坂本良晶）

第 5 章

Canvaが校務を
こんなにラクに
してくれる！

あげてうれしい！もらってうれしい！
オリジナル賞状をプレゼント！

おしゃれな賞状が簡単に作れます！

　学校では子どもたちに賞状を渡す場面がたくさんあります。教師から子どもへという場面だけでなく、高学年の子どもから低学年の子どもへという場面も結構あります。賞状は、子どもたち自身の努力や成果の証ですから、やっぱりもらえるとうれしいですよね。そんな賞状を作るのは少し面倒なこともあります。しかし、Canva なら問題ありません！

▶▶ やってみよう！

①ホーム画面上部の検索窓に「賞状_学校」と入力します。
②星の数ほどある賞状テンプレートの中から、好きなものを選択します。
③賞状テンプレートのスライドに、画面の一番左側のアイコンの列から「テキスト」をクリック、さらに紫色の「テキストボックス」をクリックし、スライドにテキストを入力します。
④自由にスライドをデザインします。
⑤スライドの編集画面の右上にある「共有」をクリック、「ダウンロード」をクリック、PDF にし、印刷します（**P32 13 参照**）。　　　　　　　　（水戸秀昭）

ここに「賞状　学校」と入力

簡単に賞状が作れて便利！

時短かつ高品質

Canvaには学校で使いやすい賞状テンプレートが充実しています。すぐにおしゃれな賞状が完成します。教師だけでなく、子どもたちもフル活用しています。

「一括作成」を使えば…

あらかじめ賞状にのせる名前の一覧を、Excel等のデータにして、CSVデータ形式で保存しておきます。画面の一番左側のアイコンの列から「一括作成」をクリックします。あとは、①「データを追加する」、②「データと素材を紐づける」、③「データを適用する」というように手順が表示されますので、それ通りに進めていくと、あっという間に名前を変えてたくさんの賞状ができあがります。

POINT
- 手間要らずだから高頻度で表彰できる
- 子どもの意欲も爆上がり！

共同編集で委員会の取り組みを伝えよう

画用紙からの脱却
委員会にはCanva！！

委員会活動の時間に活用しよう

　委員会活動の時間など、各委員会の取り組みをまとめたポスターを作ったり、カードを作ったり…。画用紙を用意して、子どもたちに描いてもらうと、どうしても待っている子が出てきます。そんな困った場面も Canva が活躍してくれます。リンクを共有すれば、自分の担任するクラスの子でなくても共同で編集ができます。

▶▶ やってみよう！

①ホーム画面で「プレゼンテーション」を選択（**P26** **1** **参照**）。

②取り組みなど、絶対入れるテキストを書き込み、テキストを選択。「…」をクリックして位置だけロックします（**P31** **10** **参照**）。

③委員会児童のクラス分のページを複製します（**P31** **10** **参照**）。

④下に小さく表示されたページの右上に出てくる「…」をクリックし、上部に表示されている「1ページの名前を変更」のところにクラス名を設定します。

⑤「共有」を押して、委員会児童に Teams などでリンクを送ります（**P33** **14** **参照**）。

⑥クラスごとに指定されたページに入り、素材やテキストなどを入れてポスターを作成します。 　　　　　　　　　　　　　　　　　　　　　　　　　　　　　（渡辺真）

クラスのカラーのあるポスター作り！

各クラスの様子を提示

編集画面の右下にあるグリッドビューを押すと全体を提示できます。各クラスごとのポスターを確認できます。

POINT
- 伝えなくてはならない情報はこちら側で打ち込み、位置だけロック
- ページを増やすときは「複製」で
- それぞれのクラスで素材や言葉を選び楽しく作成

動画編集を時短でおしゃれに！
6年生を送る会の メッセージビデオを作ろう

動画編集が誰でも簡単に！

6年生を送る会に向けて学年ごとに発表すると思います。Canvaの動画編集では、おしゃれな動画を簡単に作ることができます。テンプレートに動画を差し込んでいくだけで、簡単に動画が完成します。映像と音声の分割もできるので、「ここの声が聞こえにくいからボリュームを大きくしたい！」なんてこともできます。音楽の挿入や背景処理などさまざまな機能が使えます。

▶▶ やってみよう！

①ホーム画面から「動画」のアイコンをクリックし、好きな「テンプレート」を選びます（P26、27参照）。
②スライドに挿入撮影した動画データをアップロードします（P31 9 参照）。
③アップロードした動画をクリックまたはドラッグすると挿入することができます。
④音楽を入れるには「素材」から「オーディオ」と入力して検索し、選んで挿入。

⑤画面右上の「共有」を選択し、「ダウンロード」します（P32 13 参照）。

（飯山彩也香）

動画にもっとオリジナリティを！

AI機能を使って背景除去！

動画の「編集」から「背景除去」をすることができます。コピーして貼り付けたり、違う背景と組み合わせたり、思いのままに編集可能です。

動画からオーディオを抽出して音量調整！

動画を選択した状態で「…」から「オーディオの抽出」をして音量調整することも可能です。

POINT
- テンプレートに動画を挿入するだけでおしゃれな動画がすぐできる
- ちょっとこだわるアレンジも機能を組み合わせれば自由自在

多彩なテンプレートでおしゃれな研究発表会に！
研究発表会は、全部Canvaで作っちゃおう！

デジタルで拓く研究発表会の新境地

　研究発表会の準備は大変ですが、発表のプレゼン用スライドも、ポスター作りも、当日配る資料も、詳細を紹介するWebページ作りも、全部Canvaでやっちゃいましょう！「三つ折りパンフレット」のテンプレートでスタイリッシュな当日資料を作成できます。また、「Webサイト」を作り、URLをQRコードにしてパンフレットに貼ることも可能です。豊富でオシャレなテンプレートを使い倒し、唯一無二の研究発表をしましょう。

▶▶ やってみよう！

　ここでは「三つ折りパンフレット」と「WebサイトのQR作り」について方法をお伝えします。

① ホーム画面の検索窓に「三つ折りパンフレット」と入力します（P26①参照）。
② ベースとなるテンプレートを選び、カスタマイズしていきます。
③ アプリの検索窓に「Hello QArt」と入力します（P32⑫参照）。
④ 上に「WebサイトのURL」を貼り、下には「QRコード内でデザインしてほしいもの」を英語で入力します。

（花岡隼佑）

オンリーワンの
おしゃれ研究紀要が完成!!

印刷したものを三つ折りすると…

驚異のスピード感
写真と文字を変えるだけで、あっという間に完成します。豊富なテンプレートの中からお気に入りデザインを見つけましょう。

バツグンにオシャレなQRコード
入力した素材がデザインされた、オリジナルQRコードが作成できます。あなたの個性をQRコードに刻みましょう。

POINT
- ホーム画面で「三つ折りパンフレット」を検索しよう
- 「Hello QArt」でオシャレなQRコードを作成し、パンフレットに貼ろう

第 5 章　Canvaが校務をこんなにラクにしてくれる！　　121

クラス全員のメッセージが込められる！
1人1ページで作る1年間の アルバム&フォトムービー

Canvaで、1年間の思い出を残そう！

　3月になると毎年のようにどこかから聞こえる、「1年の締めくくりにフォトムービーを用意したいけど、作る時間がない！」「いざ用意しようと思っても、あの子の写真が見つからない！」などの困りごと。Canvaがスッキリ解決してくれます。

▶▶ やってみよう！

①クラス人数分の白紙のスライド（推奨サイズ：文書A4横）を用意します（**P26 1**参照）。ページ番号の横をクリックし、ページタイトルを子どもの名前に変更したら、各ページを複製します。1枚目にはその子のベストショットを挿入、2枚目はその子自身が作成するメッセージ用に白紙にしておきます。

②子どもたちにアルバムのURLを共有して（**P33 14**参照）、自分のページのメッセージを作成してもらいます。ページが揃ったら、アルバムの完成です！
③アルバムに動画やオーディオを追加すると、右上に再生ボタンが現れます。クリックすればフォトムービーの完成です！

（吉田一樹）

集合写真や動画、BGMで華やかに！

クラス全体の思い出を

集合写真や動画、学級目標などを追加してクラスらしさをプラスします。

1人ひとりのメッセージを作成

子どもたちは思い出の写真やメッセージを追加。手書きもいいですね！

BGMを追加

「素材」から「オーディオ」を選んで挿入すればBGMも簡単につけられます。

このバーで編集します

POINT
- アルバムの型は早めに用意して計画的に
- 写真が増えるごとに、コツコツと写真を追加する
- 写真の少ない子は意識して、次の行事で優先して撮る

第 5 章 Canvaが校務をこんなにラクにしてくれる！

CanvaのQRコードを保護者に伝える
子どもの様子をお知らせしよう！
一筆箋×Canva

子どもと家庭と教師をつなぐ一筆箋！

　一筆箋とは、8cm × 18cm ほどの小さな便箋です。子どもの頑張りを、一筆箋に書いて、その子に渡します。直接、その子をほめることができ、学校と家庭の間に、子どもの成長を共に喜ぶ豊かな関係が築かれます。
　この一筆箋と Canva を合わせた実践を紹介します。

▶▶やってみよう！

①クラスの「フォルダー」を用意し、子ども全員分のファイルを作ります。「プレゼンテーション（16:9）」で作成します（P26 1 参照）。
②ファイルの編集画面の右上の「共有」→「…もっと見る」→「公開閲覧リンク」→「公開閲覧リンクを作成」→「コピー」を順にクリックします。
③アプリの「QR コード」を使って、QR コードを作ります。Canva の編集画面の左の「アプリ」をクリックし、アプリの「QR code」を呼び出します（P38 22 参照）。「URLを入力」に、②でコピーしたリンクをペーストし、「コードを生成」をクリックします。
④Canva で、QR コード付きの一筆箋を作ります（左の画像は B5 で印刷して三等分しました）。
⑤各ファイルに、子どもの活躍している姿や作品を載せます。
⑥印刷した一筆箋に一言書いて、子どもに渡します。　　　　（薄出賢）

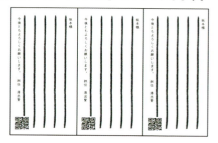

学校での様子を共有しよう！

学校でしか見られない姿

体育で跳び箱をしているところや家庭科でミシンを使っているところ、総合で発表しているところなど、学校でしか見られない様子をお伝えすると保護者に喜ばれます。

作品を共有！

2年生の子が生活科で作ったものです。このような作品は、学年末にまとめて返却することが多いですが、Canvaを使うとリアルタイムに保護者にお見せすることができます。

動画を共有！

ビブリオバトルの様子を撮影し、保護者に共有しました。家庭では見られない、子どもが頑張っている姿を見られて、とても喜ばれていました。

POINT

- 成果物をリアルタイムに保護者と共有！
- 子どもの活躍を撮影し、動画も共有！

執筆者紹介（50音順）

會見 修一（あいみ　しゅういち）　島根県情報教育活用指導講師　Teacher Canvassador

青木 洸司（あおき　こうじ）　愛知県公立小学校教諭

朝田 博之（あさだ　ひろゆき）　大阪府公立小学校教諭　Google 認定教育者 LV2

天野 翔太（あまの　しょうた）　心理的安全性 AWARD 2 年連続シルバーリング受賞

飯山 彩也香（いいやま　さやか）　茨城県公立小学校教諭　Teacher Canvassador

薄出 賢（うすで　まさる）　京都府公立小学校教諭

大﨑 雄平（おおさき　ゆうへい）　京都市公立小学校教諭　Teacher Canvassador

大野 翔（おおの　しょう）　埼玉県公立小学校教諭　Teacher Canvassador

大橋 陽介（おおはし　ようすけ）　東京都公立小学校教諭

尾﨑 悠生（おざき　ゆうき）　熊本県公立小学校教諭

近野 洋平（こんの　ようへい）　山形県公立小学校教諭

佐久間 理志（さくま　ただし）　茨城県公立小学校教諭　Teacher Canvassador

柴田 大翔（しばた　ひろと）　大阪府公立小学校教員　Teacher Canvassador

田鍋 敏寿（たなべ　としひさ）　滋賀県公立小学校教諭　Teacher Canvassador

成田 潤也（なりた　じゅんや）　神奈川県公立小学校総括教諭　Teacher Canvassador

橋本 海（はしもと　かい）　千葉県公立小学校教諭

花岡 隼佑（はなおか　しゅんすけ）　埼玉県公立小学校教諭

平子 大樹（ひらこ　だいき）　小学校教諭「ダイアローグラジオ」パーソナリティ

福田 充（ふくだ　みつる）　岩手県盛岡スコーレ高等学校教諭　Teacher Canvassador

二川 佳祐（ふたかわ　けいすけ）　東京都公立小学校勤務　Teacher Canvassador

的場 功基（まとば　こうき）　岡山県公立小学校教諭　Teacher Canvassador

水戸 秀昭（みと　ひであき）　福井県公立小学校教員　Teacher Canvassador

柳 圭一（やなぎ　けいいち）　千葉県公立小学校教諭　Teacher Canvassador

吉田 一樹（よしだ　かずき）　東京農業大学第二高等学校中等部教諭

陸川 哲郎（りくかわ　てつろう）　東京都公立小学校教員

渡辺 真（わたなべ　まこと）　埼玉県公立小学校教諭　道徳教科書編集委員

※執筆者全員が EDUBASE のメンバー（EDUBASE クルー）です。EDUBASE は子どもの未来を考える教師や教育者によるオンラインのコミュニティです。

編著者紹介

坂本 良晶（さかもと　よしあき）

1983年生まれ。Canva Japan ／ Canva Education Senior Manager。元京都府公立小学校教諭。EDUBASE CREW。大学卒業後、大手飲食店チェーンに勤務し、兼任店長として全国1位の売上を記録。教員を目指し退職後、通信大学で教員免許を取得。翌年教員採用試験に合格。2017年、子どもを伸ばしつつ、教員の働く時間を減らそうという「教育の生産性改革」に関する発信をTwitter（現X）にてスタートし、『さる先生の「全部やろうはバカやろう」』が空前のベストセラーに。GIGAスクール構想のスタートを受け、CanvaをはじめとしたICT教育について発信、『生産性が爆上がり！　さる先生の「全部ギガでやろう！」』『授業・校務が超速に！　さる先生のCanvaの教科書』（以上、学陽書房）がいずれもベストセラーに。2024年教員を退職し、Canva Japanに入社。Canvaを通じて日本の教育の素晴らしさを世界へ発信するミッションを目指し奮闘中。

執筆協力──べち丸（P39）

授業・校務が
より速くクリエイティブに！
さる先生の実践Canva

2024年11月20日　初版発行

編著者───**坂本良晶**（さかもとよしあき）

発行者───**佐久間重嘉**

発行所───**学 陽 書 房**

　　　　　〒102-0072　東京都千代田区飯田橋 1-9-3
編集部───TEL 03-3261-1112
営業部───TEL 03-3261-1111 ／ FAX 03-5211-3300
　　　　　https://www.gakuyo.co.jp/

カバーデザイン、2章本文デザイン／吉田香織（CAO）
本文フォーマットデザイン／能勢明日香（ステラ）
本文DTP制作・印刷／精文堂印刷　製本／東京美術紙工

©Yoshiaki Sakamoto 2024, Printed in Japan
ISBN 978-4-313-65521-8 C0037
乱丁・落丁本は、送料小社負担でお取り替えいたします。
定価はカバーに表示してあります。

JCOPY〈出版者著作権管理機構　委託出版物〉
本書の無断複製は著作権法上での例外を除き禁じられています。複製される場合は、そのつど事前に出版者著作権管理機構（電話03-5244-5088、FAX 03-5244-5089、e-mail: info@jcopy.or.jp）の許諾を得てください。

好評の既刊

授業・校務が超速に！
さる先生の Canva の教科書

坂本良晶　著

A5判・並製・128ページ　定価2090円（10％税込）

Canva が教師の仕事を変える！
配付物や掲示物、さまざまな学級ツールが超カンタンにつくれるようになる！　授業で子どものアウトプットにも使える！
Canva を使った超時短な仕事ノウハウを一挙公開！